国际儒学联合会教育系列丛书

道德经

中华典藏

全注全译本

〔春秋〕老 子 著

刘长允 译注

丛书指导委员会主任
————滕文生 牟钟鉴 董金裕
总主编
————钱 逊 郭齐家
汉唐书局专家委员会审定

济南出版社 汉唐书局

图书在版编目（CIP）数据

道德经 /（春秋）老子著；刘长允译注. — 济南：
济南出版社，2023.4
　（中华典藏）
ISBN 978-7-5488-5579-8

Ⅰ．①道…　Ⅱ．①老…　②刘…　Ⅲ．①《道德
经》—译文②《道德经》—注释 Ⅳ．①B223.1

中国国家版本馆CIP数据核字（2023）第054429号

出 版 人	田俊林
丛书策划	付晓丽　冀春雨
责任编辑	冀春雨
专家审读	牟钟鉴
装帧设计	王铭基　谭　正

出版发行	济南出版社
地　　址	济南市二环南路1号
编辑热线	0531－86131747
发行热线	82709072　86131701　86131729　82924885
印　　刷	山东彩峰印刷股份有限公司
版　　次	2023 年 8 月第 1 版
印　　次	2023 年 8 月第 1 次印刷
开　　本	170 mm×240 mm　16开
印　　张	9
字　　数	150千
印　　数	1—4000册
定　　价	38.00元

（济南版图书，如有印装错误，请与出版社联系调换。联系电话：0531-86131736）

总　序

中国共产党的二十大报告指出：我们必须坚定历史自信、文化自信，坚持古为今用、推陈出新，把马克思主义思想精髓同中华优秀传统文化精华贯通起来。2023年2月7日，习近平总书记在学习贯彻党的二十大精神研讨班开班式上发表重要讲话，指出：中国式现代化，深深植根于中华优秀传统文化。

中华优秀传统文化的显著特点是启发人的内心自觉，追求的是人的身与心、人与人、人与社会、人与宇宙自然的统一与和谐，表现出人的崇高的精神境界，其思想背后是中国人对天道、天命和道德人格典范的敬畏。中华经典记录了中华优秀传统文化的本和源、根和魂，是构成我们民族文化、民族智慧、民族心灵的庞大载体，是支撑我们民族生存、发展、创新的活水源头，是几千年来维护我中华民族屡经重大灾难而始终不解体的坚强纽带。中华经典是人生教育学典籍，或者说是人生的课本、教材，靠一代代中国人的诵读、解释，并在传承中发展、创造，在极深刻意义上参与塑成了中华民族的历史和生活世界。其中蕴含的天下为公、民为邦本、为政以德、革故鼎新、任人唯贤、天人合一、自强不息、厚德载物、讲信修睦、亲仁善邻等精神，是中国人民在长期生产生活中积累的宇宙观、天下观、社会观、道德观的重要体现，是地地道道的"中国式"。

济南出版社·汉唐书局以习近平新时代中国特色社会主义思想为指导，高度落实习近平总书记关于中华优秀传统文化的一系列重要论述，深度理解中华经典的根源与发展，联合国际儒学联合会组织全国中华优秀传统文化相关领域的专家学者，通过深耕细作，潜心编写，精心注译，严谨校对，专业编排，集结成册，向广大读者隆重推出"中华典藏"系列丛书。本丛书包括20种典籍，即《论语》《孟子》《大学》《中庸》《近思录》《周易》《道德经》《诗经》《史记》《孙子兵法》《孔子家语》《三字经》《百家姓》《千字文》《千家诗》《弟子规》《龙文鞭影》《声律启蒙》《笠翁对韵》《蒙求》，除经典原文、注释、大意（译文）外，还根据每部典籍的特点，设置了知识拓展、释疑解惑等。

终身学习、终身教育已经成了这个时代的常态。中华经典是"母乳"，是最具纯正、最富营养、最有价值的终身学习资源。中华经典是整体之学，是身心之学，是素养之学，是每一个中国人在这个动荡变革时代中培养定力、安身立命的大宝典。因此，中华经典的受益者不仅仅是在校的老师和学生，还包括各级各类领导干部、工农兵学商等各行各业人员（如企业家、工厂工人、手工业者、新农村建设者、解放军官兵、科研工作者、医务工作者等），以及海外侨胞、留学生。

中华民族的祖先曾追求这样一种境界：为天地立心，为生民立命，为往圣继绝学，为万世开太平。我郑重将"中华典藏"这套普及性丛书推荐给读者，希望我们这个团队经过近十年共同奋斗所凝结的智慧，走向大众，让诵读中华经典的琅琅之声传遍祖国的大江南北，让我们每个人心中有山河，心中有宇宙，心中有父母，心中有圣贤，心中有家国天下，心中有我们中华民族的精神，心中有我们中国人的本心、本性。让我们全民为实现中华民族的伟大复兴与构建人类命运共同体凝聚智慧、贡献力量。

是为序！

郭齐家

2023年2月于北京回龙观寓所

目 录

篇章体例

◎ 原文
◎ 注释
◎ 译文
◎ 释疑解惑
◎ 成语探源

导读

上篇

第一章 ———————————————————— 25

第二章 ———————————————————— 27

第三章 ———————————————————— 29

第四章 ———————————————————— 31

第五章 ———————————————————— 32

第六章 ———————————————————— 34

第七章 ———————————————————— 35

第八章 ———————————————————— 36

第九章 ———————————————————— 37

第十章 ———————————————————— 38

第十一章 ——————————————————— 39

第十二章 ——————————————————— 40

第十三章 ——————————————————— 41

第十四章 —— 42

第十五章 —— 44

第十六章 —— 46

第十七章 —— 48

第十八章 —— 49

第十九章 —— 50

第二十章 —— 51

第二十一章 —— 53

第二十二章 —— 54

第二十三章 —— 55

第二十四章 —— 56

第二十五章 —— 57

第二十六章 —— 58

第二十七章 —— 59

第二十八章 —— 60

下篇

第二十九章 —— 61

第三十章 —— 62

第三十一章 —— 63

第三十二章 —— 64

第三十三章 —— 65

第三十四章 —— 66

第三十五章 —— 67

第三十六章 —— 68

第三十七章 —— 69

第三十八章 —— 73

第三十九章 —— 75

第四十章 —— 76

第四十一章 —— 77

第四十二章 —— 79

第四十三章 …… 80
第四十四章 …… 81
第四十五章 …… 82
第四十六章 …… 83
第四十七章 …… 84
第四十八章 …… 85
第四十九章 …… 86
第五十章 …… 87
第五十一章 …… 88
第五十二章 …… 89
第五十三章 …… 90
第五十四章 …… 91
第五十五章 …… 92
第五十六章 …… 93
第五十七章 …… 94

第五十八章 …… 95
第五十九章 …… 96
第六十章 …… 97
第六十一章 …… 98
第六十二章 …… 99
第六十三章 …… 100
第六十四章 …… 101
第六十五章 …… 103
第六十六章 …… 104
第六十七章 …… 105
第六十八章 …… 107
第六十九章 …… 108
第七十章 …… 109
第七十一章 …… 110
第七十二章 …… 111

第七十三章 112

第七十四章 113

第七十五章 114

第七十六章 115

第七十七章 116

第七十八章 117

第七十九章 118

第八十章 119

第八十一章 121

附录 全文诵读 123

导　读

　　老子生活在我国的春秋时代，楚国苦县（今河南鹿邑）人，一说为今安徽涡阳人。据《史记》记载，他曾担任"周守藏室之史"，大致相当于管理藏书的史官。当时声名显赫的孔子也曾向他求教，可见老子的学术地位之高。老子一生传奇故事很多，但影响最大的是两件事：一件是孔子向他问礼；另一件是西出函谷关，就是经过函谷关（在今河南灵宝），一直走到西北的沙漠地区（古称流沙）。当时的函谷关关令尹喜仰慕老子已久，更知道老子学识渊博，所以在热情招待之余，恳切地向老子提出了一个请求，想请老子著书立说，把其绝学传给后人。这个请求还真让老子犯难，因为按照老子的一贯态度，是"知者不言，言者不知"，更何况老子毕其终生精力所探索出来的"道"，是不能用语言文字表达的，正所谓："道可道，非常道；名可名，非常名。"但如果不写，也很不妥。因为关令尹喜盛情难却，一片诚意打动了老子。于是老子破了例，将其终生所思所学，凝结为五千言，这就是著名的《老子》，又被称为《道德经》。

　　老子的思想对中国人的民族性格产生了深远的影响，也在全世界受到了广泛关注。老子的思想自17世纪传入西方后，《道德经》外文译本至今已有七八十种，几乎世界上主要语言都有相关译本。很多世界级的文化名人，如托尔斯泰、黑格尔、海德格尔、爱因斯坦等，都对老子的思想推崇备至，都认识到老子对自然规律的深刻揭示，特别是对人类心灵的纠偏和慰藉，具有不可替代的重要价值。

　　老子思想的主要内容和特征是：

一、道是本源

　　世界上许多大哲学家和大科学家，都曾试图探寻宇宙的本源，寻找宇宙的同一性，描绘出他们所理解的宇宙模型。老子经过系统而深入的思考，提出宇宙最本质的存在和最深刻的规律在于"道",而且认为大道不可言传、不可指代。虽然如此,他还是竭力多方设喻,从不同侧面和视角向世人揭示"道"的性质、内涵和重要意义,向世人描绘他心目中的宇宙模型和大自然演化轨迹。归结起来,老子所说的"道"主要包括以下几个方面的内容:

就道之体而言,道是"有"和"无"的统一。这正如《道德经》所描绘的那样:"道之为物,惟恍惟惚。惚兮恍兮,其中有象;恍兮惚兮,其中有物。窈兮冥兮,其中有精;其精甚真,其中有信。"道是"有",亦非实"有";道是"无",亦非真"无"。道是绝对的存在,也可以说是绝对的有。道高于万物,又在万物之中,"生而不有,为而不恃,长而不宰"。但是道又无形无状,视之不见,听之不闻,搏之不得。道不是任何具体概念和实有,任何具体的概念和实有都不是道。就连"道"这个概念本身,也是不应该有的,只是为了表达的方便,才"强字之曰道,强为之名曰大"。老子所描绘的"道",不像现代科学所揭示的构成物质的"基本粒子",而是指向宇宙无限的生机和动能。老子认为,有和无都统一于道,而且在道的作用下可以相互转化:"天下万物生于有,有生于无。"

就道之相而言,道先于现存宇宙而生,无父无母,自具自足。"有物混成,先天地生。""吾不知谁之子,象帝之先。"用我们今天的话来说,道产生于所有无机物质和有机生命之前。而所有无机物质和有机生命产生于道,道是世界的本源,道孕育天地万物,宇宙间的一切都是由道演化和派生而来的,是道内部各种矛盾相互作用的结果。"渊兮,似万物之宗。""道生一,一生二,二生三,三生万物。"要之,只有道是自生,万事万物都是它生;只有道是绝对,万事万物都是相对;只有道是必然,万事万物都是偶然,又表现道的必然;只有道是给予,万事万物都是接受……

就道之用而言,道不仅有发展和运动规律,而且道的发展和运动规律也作用于宇宙和包括人类在内的万事万物。或者说,道不仅产生宇宙和万事万物,而且赋予宇宙和万事万物根本的特性和运动规律。道的运动的最大特点就是向着相反的方向发展。这当然也就是宇宙和包括人类在内的万事万物的运动发展规律:"反者,道之动;弱者,道之用。"

道最深奥，也最现实，和每个人的生活息息相关，没有哪个人能够摆脱。我们要从生活实际出发，通过对《道德经》的研读，认识道及道的规律，并按照道的规律去行事。

二、顺道而行

什么是最精深的学问？什么样的学问最有用？什么样的学问最能传之久远并受人尊崇？司马迁曾立志"究天人之际，通古今之变，成一家之言"。所谓"究天人之际"，就是研究天道和人道的共同规律，探寻天道和人道之间的相互关系，揭示天道对人道的作用和影响。在先秦时代，很多人认为"天道远，人道迩"（《左传·昭公十八年》），不愿深入系统地探究天道，唯独老子愿意下笨功夫，对天道探求不已。事实上，天道和人道有密切的关系，在很多方面遵循着共同规律，人道受天道的制约和支配。

对于不同的人来说，需要了解和掌握的世事变化规律可能不会完全相同，但如下的问题：如何能够走向成功？如何能够趋吉避凶？如何能够永远立于不败之地？这是每个人都要考虑的。老子依据天道和人道的共同运行规律，为人们指出了一条事业成功、趋吉避凶的幸福之路。他在这方面对我们的谆谆教诲，主要包括以下几个方面：

人是大自然的一部分，人事兴衰的规律和大自然的某些规律是一致的。为人处世想要得当和有章法，就要向大自然学习，不断体悟大自然的旨趣。《道德经》说："人法地，地法天，天法道，道法自然。"明确表达了"向大自然学习"的要求。当然，老子讲的"自然"，也包括社会中自然而然的常道。大自然和万事万物都有其运行规律，为人处世要顺应这些规律，不能恣意妄为。老子说："治人事天，莫若啬。"意思是说为人处世要像种庄稼一样，自然收获，应时而动。又说："知常曰明。不知常，妄作凶。"意思是说能够认识到万事万物的不变规律就是聪明，认识不到万事万物的不变规律，就会违背规律，进而遭受祸害。这为我们趋利避害指明了方向。

顺应天时才能走向成功，无为无不为才是制胜的秘诀。人人都想成功，人人都想实现自我价值，但要实现愿望，不借助天时地利，甚至违背自然规律，那就很难有好的结果。掌握了事物的发展规律，顺其自然，看似无为，实际是无不为，可收到事半功倍之效。老子说："道常无为而无不为，侯王若能守之，万物将自化。"老子又说："无为而无不为。取天下常以无事，及其有事，不足以取天下。"老子还发出这样的感慨："无为之益，天下希及之。"意思是说顺应自然规律行事所带来的好处，天下很少有人能够认识到。

老子认为，宇宙间最重要的规律是"反者道之动"，人们要想趋吉避凶，就要时时刻刻注意这一点，时时处处把握这一关键，即宇宙间万事万物都是向着它的反面发展变化的，都是循环往复的，物极必反，否极泰来。但人能创造条件，让事物向好的方面转化，所以趋吉避凶的最好办法，就是什么事情都要留有余地，正所谓"花未开时月半圆"。老子说："是以圣人去甚，去奢，去泰。"即是说聪明的人不走极端，不做过头事。

老子指出，宇宙间另一个非常重要的规律是"弱者道之用"。人们要想趋吉避凶，永立于不败之地，就必须理解和把握好道的这一规律和特点。"弱者道之用"这句话内涵很丰富，简单地说，就是道通过柔弱的机制来发挥它的功效。这当然是指宇宙间万事万物总的情况。具体到我们人类社会，就是要求我们要虚怀若谷、谦逊卑下、知荣守辱、坚忍不拔……只有这样，才能够以柔克刚、无往不胜，才能够汇集众力同声相求，才能够由小到大永葆生机，才能够趋吉避凶，永立于不败之地。

老子意识到，天地生育万物都是"生而不有，为而不恃"。因此他提出要功成身退，不居功，不自傲。只有这样，才能天长地久，才能永葆安康，才不会前功尽弃。老子说："功遂身退，天之道也。"又说："不自伐，故有功；不自矜，故长。"这体现了老子非凡的智慧。老子认为，贪图名利和财货，不知休止地去索取，是有违于天道的，最终不仅不能拥有名利和财货，还会身败名裂，遗患无穷。老子说："甚爱必大费，多藏必厚亡。"还说："金玉满堂，莫之能守。"又说："祸莫大于不知足，咎莫大于欲得。"这些名句都具有极强的警示意义。

老子认为当止则止，止的是祸害，留下的是安全。知止可以远离祸害，知足是快乐之源。知足才是真正的富有，只有内心感到满足，才是真正的幸福和长久的快乐。老子说："知止，所以不殆。"又说："故知足之足，常足矣。"这体现了老子知足常乐的人生智慧。

老子反复阐发不争的道理和不争的好处，认为谁要是能够做到不争，则天下人都不能与之争，那么不仅可以远离祸害和争斗，还会达到理想的佳境。老子说："天之道，利而不害；圣人之道，为而不争。"又说："夫唯不争，故天下莫能与之争。"这真是非常高级的辩证法。

老子把人生的大智慧概括为三件"护身的法宝"："我有三宝，持而保之。一曰慈，二曰俭，三曰不敢为天下先。"慈就是仁爱和宽厚；俭就是节约和收敛；不敢为天下先，就是不争强好胜，不敢处在天下人之先。

三、静观世界

老子给后人留下了宝贵的精神财富，其中一个重要方面，就是老子为人类提供了一套独特的观察认识世界的方法和途径，老子这方面的论述主要反映在《道德经》的第一、十、十六、十九、四十一、四十七、四十八、五十二、五十六等章节。

老子关于认识世界的论述虽然很多，但他最卓越的贡献，也是给后人在认识客观世界方面留下最大影响的，则是系统地提出要用"虚静"的心态和"玄览"的直觉来观察宇宙和万事万物，从而深刻把握宇宙和万事万物的本质及运动规律。老子说："致虚极，守静笃。万物并作，吾以观复。"意思是说：只有用极清虚的心态，冷静观察万事万物，才能正确认识万事万物的本质和循环往复的消长规律。老子又说："涤除玄览，能无疵乎？"这句话的意思是：洗除尽心目中任何污垢和灰尘，不留一丁点儿主观杂念，用直觉去观察宇宙和万事万物的本质及变化。这里的"涤除"，其实是"玄览"的前提，而"玄览"又是"涤除"的目的。"玄览"一词比较费解，历来说法很多，而把"玄览"理解为"直觉的洞察"，应该说是比较符合老子的原意的。"玄"有"幽深微妙"之意，"览"有"明鉴"和"一览无余"之意。要之，老子的认识论在本质上可以用"静观"两个字来概括。

那么，在老子看来，应该如何修炼才能达到静观呢？其要义大致有三：

一是专心致志，坚守虚静，找回人的本性，恢复到像婴儿那样的天真状态。正所谓："专气致柔，能婴儿乎？"老子认为，如果天真柔顺得像婴儿一样，就可以心无挂碍，有利于静观。

二是竭力排除一切杂念，包括已经获得的知识——在老子看来，内心杂念和已获得的知识，都可能成为静观的障碍。老子说："涤除玄览，能无疵乎？"又说："自见者不明。"这就是说，静观者内心不能有丝毫尘埃和污秽；即使你什么道理都明白，观物时也不能带有任何成见。

三是要清心寡欲，不为物诱，不为情扰，保持心态的客观与平和。一个人如果利欲熏心，斤斤计较，情绪随时起伏，心乱如麻，那就会视物不清，甚至会颠倒黑白。所以，老子认为欲望是清心的大敌，清心是静观的根本。正可谓："不见可欲，使民不乱。"

四、返璞归真

人类在几千年的思辨和实践中，提炼出"真善美"的概念。无论是西方，还是东方；无论是古代，还是当今，都无一例外把真善美作为共同的价值取向。这是开天辟地以来人类最宝贵的财富。但是，人类追求真善美的征途却不是一帆风顺的，出现过各种各样的动荡和波折。

老子生活的春秋时代，是一个"礼坏乐崩"、大变革、大动荡的时代。变革和动荡之际，最活跃的还是人心、思想和学术。当此之时，各种思想流派应运而生，蜂拥而起。中国思想文化史上的"百家争鸣"，就发轫于这个特殊的时代。

老子的学说与儒、墨、法等各家都大相径庭，观察和思考问题的角度有很大不同。《道德经》煌煌五千言，没有提到任何古圣先贤的名字和具体的历史事件，真如横空出世，不知由来；天外之音，响之久远。老子认为，社会之所以会出现种种弊端，人性之所以被严重扭曲，就是因为人们的思想和行为背离了道；而背弃和偏离大道，主要是因为人们在追求真善美的过程中没有把握好法度，没有及时调整前进的方向，只知一味获取。对于人们在追求"真"的过程中出现的问题，老子指出："大道废，有仁义；智慧出，有大伪；六亲不和，有孝慈；国家昏乱，有忠臣。""绝圣弃智，民利百倍；绝仁弃义，民复孝慈；绝巧弃利，盗贼无有"。在追求"美"的过程中也是一样，老子说："天下皆知美之为美，斯恶已。"又说："五色令人目盲，五音令人耳聋，五味令人口爽。驰骋畋猎，令人心发狂；难得之货，令人行妨。"中国传统美学思想中有"眩惑"一说，指对"美"感到疑惑。老子是要告诉人们，追求美可以，但因此而疑惑是不值得的。人们在追求"善"时出现失误的主要原因又是什么呢？老子认为，如果人们不能很好地理解和把握善的本质和特性，那践行起来当然要出问题。老子对善的要求和期许比较具体，也就是"上善若水"，能像"水"一样就是尽善了。

老子认为，要解决纷乱复杂的社会问题，就要依靠四个大字：返璞归真。人们只要返璞归真，使思想和行为回到正确的轨道上，一切矛盾和社会问题便会迎刃而解，人们一直追求的真善美便会不期而至。返璞归真旨高意远，内容宏富，大致包括以下八个方面：

返璞归真，就是在思想和言行上与"道"保持一致。这也就是老子所强调的"人法地，地法天，天法道，道法自然"。顺其自然，并不是像某些人所理解的那样，人类在大自然面前和社会活动中不需要主观能动性，完全可以无所事事。顺其自然的精义是看透大千世界的变化规律和发展趋势，按照自然规律和社会发展规律行事，不违背规律，顺势行事，适可而止。

返璞归真，就是以真来统摄善和美，在真的基础上实现真善美的高度统一。老子之所以崇尚道，就是因为道是最真实的、永恒不变的，并且也是美和善的。老子对伪深恶痛绝，认为有一巧伪，万事皆坏。老子有一段集中论述真善美的话："信言不美，美言不信。善者不辩，辩者不善。知者不博，博者不知。"知，即智慧和知识，是属于"真"的范畴。老子认为真善美的对立面就是不信、巧辩和杂乱，而这三者共同的特性是失真。因此，只要能防止不信、巧辩和杂乱，那也就离真善美的境界不远了。

返璞归真，就是向天真和质朴靠拢，保持最纯洁的真善美。老子为了说明什么是天真和质朴，经常用"婴儿"做比喻，认为人应该像婴儿那样纯洁和中正。老子甚至认为连婴儿的哭声，也都是中正与平和的象征："终日号而不嗄，和之至也。"老子还有一个比喻，叫"见素抱朴"。素，指未染色的丝布；朴，指未经雕饰的木头。这也体现了老子对天真、质朴的推崇。

返璞归真，就是要少私寡欲。老子认为私心和欲望会使人迷失本性，是追求真善美的大敌。这个道理比较好理解，正所谓"利令智昏"。但老子也提出"绝智弃辩"和"绝学无忧"的主张，认为知识和教理也会给人带来危害，也会成为人们追求真善美的障碍。老子的这些主张常常被人误解，认为这是虚无主义的表现。其实，对于老子的话应当辩证分析，老子所否定的是违背道的基本规律的"歪理邪说"，这些所谓的"知识"和"教理"，其实也是私心、欲望的体现，是应当摒弃的，否则就会在私心、欲望面前迷失自我。

返璞归真，就是在追求真善美时要把握好度，过犹不及。在老子看来，任何事物都具有向相反方向发展的趋势。稍不留神，真善美就会变成假恶丑。老子说："唯之与阿，相去几何？善之与恶，相去何若？"意思是说正确和错误相距仅一步之遥，美善和丑恶也相去不远。所以，老子特别指出，做人做事要"去甚，去奢，去泰"，也就是说思想和言行都不要过分，那么也就接近于"圣人"了。

返璞归真，就是要和光同尘，求同存异。老子认为宇宙间万事万物都统一于道，万事万物之间的差异只是暂时的和表面的，其本质相同才是真实和永恒的。基于这样一种思想，老子认为做人做事也要求同存异，和睦相处，而不要锋芒毕露。老子说："挫其锐，解其纷，和其光，同其尘，是谓玄同。""玄同"之境，也就是道之境，真善美相统一之境。

返璞归真，就是要和各种乖张行为划清界限。老子崇尚"道法自然"，对那些背道而行的人嗤之以鼻，冷嘲热讽。老子鄙夷那些不循大道而好走捷径的人，指责他们虽然"服文采，带利剑，厌饮食，财货有余"，但其实与强盗无异。老子讽刺那些"企者""跨者""自见者""自伐者""自矜者"，都是"余食赘行"，令人生厌。返璞归真，就要摒弃这些行为。

返璞归真，就是对真善美既要追求和创造，更要坚守和保持。老子的这一思想，主要是根据这样两个判断得出的：一是天地本身有大善和大美，人的本性也是天真和美善的；二是人们的任何追求和作为，都有可能偏离道，都有可能给天真和美善造成破坏。因此，在《道德经》短短五千言中，就有数十处是讲"守"和"失"的，如："知其雄，守其雌"，"多言数穷，不如守中"，"轻则失根，躁则失君"，"既知其子，复守其母。没身不殆"。对真善美守而不失，这一思想确实精辟而深刻。坚守真善美并非易事。要耐得住寂寞，挡得住诱惑，要不惧世俗的冷眼，要有冰清玉洁之节操。

五、相反相成

所谓"相反相成"，是指这样一种思想：宇宙间万事万物都是由两个相互对立的东西组成的，这两个相互对立的东西在同一个统一体内，都以对方的存在为自己存在的条件和前提，而且相互作用、相互转化。相反相成是宇宙间的普遍规律，不独老子，曾经有很多哲人去发现它、阐述它。但是，老子对相反相成这一规律的揭示和阐发是最为深刻和系统的。特别是老子不仅强调要十分注重矛盾体中"弱小"一方的作用，而且运用相反相成这一规律来指导人们的行为，这是很多思想家所无法比拟的，其理论价值和实践意义都是无法估量的。老子对相反相成这一规律的解释和阐发，可以概括如下：

老子认为相反相成是宇宙间和人类社会中最普遍的现象，《道德经》即列举了八十多对相反相成的事物和概念，如有与无、福与祸、强与弱、牝与牡、雄与雌、贵与贱、清与浊、敝与新、枉与直……在老子看来，考察、了解任何事物，都要从与这一事物有关的相反相成的两个方面去分析，这样才能把握其本质和特点，才能找出事物发展变化的轨迹，才能确定解决矛盾的方略和办法。

老子从宇宙生成的根源上揭示了万事万物为何皆相反相成，从而使我们对相反相成这一普遍规律深信不疑。如果说《道德经》的八十一章中，有几章是全书的纲领的话，那就应该是它的前两章了。这两章的最重要观点在于宇宙原本就是一物两体，万事万物共同的特性就是相反相成。我们从这个视角研读头两章，其真实意蕴便非常清楚了。《道德经》第一章的落脚点，或者说老子要告诉世人的是，宇宙从诞生之日起即是一个矛盾统一体。老子还强调说，"玄之又玄，众妙之门"，认识万事万物都要着眼于这一特性。《道德经》第二章的落脚点，或者说老子要告诉世人的是，"有无相生，难易相成，长短相形，高下相盈，音声相和，前后相随"，即宇宙间万事万物都不是独立存在的，都是彼此相互联系，相反而相成的。老子还怕别人不理解他的意思，接着又强调说，他最推崇的思想

"无为"也是根据宇宙间相反相成这一规律而提出的。《道德经》第四十二章实际上也是在讲万事万物为何皆相反相成:"道生一,一生二,二生三,三生万物。万物负阴而抱阳,冲气以为和。"两个相反相成的事物的来源都是一个共同的母体,即"一生二";任何事物都是"负阴而抱阳",对立统一的,所以它们都是相反而相成的。老子不仅指出万事万物相反相成是普遍的现象,而且深刻揭示了万事万物相反相成存在的奥秘:它根植于大道,符合自然法则;它亘古不易,广泛存在。

相反相成的万事万物,它们将如何发展变化呢?老子将世间万物发展变化的规律概括为"反者道之动"。老子认为,任何事物都是向着它自身相反的方向发展,这个趋势是不可阻挡的,因为这是大道的运行规律。老子有一段很有名的话,就是用来说明他"反者道之动"的道理:"祸兮,福之所倚;福兮,祸之所伏。孰知其极?其无正也。正复为奇,善复为妖。人之迷,其日固久"。人们在讨论老子这段"祸福相倚"、好事可以变成坏事、坏事可以变成好事的话时,经常举出"塞翁失马"的例子,那真是再贴切不过了。

老子在揭示相反相成这一普遍规律时,充分强调了矛盾体中所谓弱小一方的重要作用,从而为人们提出了一套全新的处事原则和立于不败之地的金科玉律。古今中外几乎所有的思想家都在强调,对立统一体中所谓强势的一方决定事物的性质和发展方向,起着主导和关键的作用,而所谓弱小的一方只是处于补充和顺从的地位,并不从根本上决定事物发展变化的方向和最终结局。老子则认为,对立统一体中柔弱的一方也对事物发展的方向有着重要影响,真正会发展壮大和有前途的是弱小的一方。所以从根本上说,弱胜强,雌胜雄。老子这方面的论述很多,如"是以兵强则灭,木强则折。强大处下,柔弱处上"以及"天下莫柔弱于水,而攻坚强者莫之能胜,以其无以易之。弱之胜强,柔之胜刚,天下莫不知,莫能行"。

老子对柔弱一方在事物发展中重要地位的认识,是在他观察了大量自然现象,分析了诸多历史和现实人事变故的基础上总结出来的。老子观察到,自然界很多看似强盛的现象,都不能持久,如"飘风不终朝,骤雨不终日"。老子又看到,植物也是柔弱的时候有生命力,一到干枯、僵硬时就要死掉了,"草木之生也柔脆，其死也枯槁"。老子还观察到，整个动物界也往往是"牝常以静胜牡"。而人类自身，也是如此："人之生也柔弱，其死也坚强"。老子讲的"柔弱"实质是柔韧，有生命的弹性，故能胜过无生命的"坚强"，即僵化。

老子在揭示相反相成这一普遍规律时，列举了一些大家熟知但不知其所以然的现象，启迪人们的智慧，而且饶有风趣。老子说："三十辐共一毂，当其无，有车之用。埏埴以为器，当其无，有器之用。凿户牖以为室，当其无，有室之用。故有之以为利，无之以为用。"车子、器皿和房屋是人们非常熟悉的东西，但又有谁琢磨过这里面有和无、利与用的辩证关系呢？对于老子的细致洞察，我们都会发出会心的微笑。当我们运用老子的辩证视角，来观察我们身边的事物时，可以发现几乎所有"有形"的东西所能给人带来的便利，都是靠其中"虚无"的部分来发挥作用。大到我们人类赖以生存的空间，小到我们穿的衣服，甚至我们书写用的纸张，无一不是如此。至此，老子对和无辩证统一关系的揭示，可谓入木三分，足以使人们对"无"充满遐想和敬畏。

六、无为之益

"无为"这两个字，基本可以概括老子思想的实质和精华。在很多人的眼里，"无为"就是老子和老子思想的代名词。然而，自从人类诞生以来，相对于大自然来说，人类的一切思想和行为几乎都是可以称为"有为"的。这样看来，老子的无为之论就更具有重大的理论意义和实践价值。

老子"无为"一词的主要含义是：人们对待任何事物都应该从容恬静，顺其自然，不要违反自然规律去勉强作为。需要特别强调的是，老子所说的"无为"，绝不是无所事事、不思进取。如果把无为理解为无所作为，那就大错特错了。那么，老子的无为思想究竟包含哪些具体内容呢？我们认为，老子的无为思想主要包含以下几个方面的内容：

无为是对人类一切欲望和行为的约束和限制，是对过激行为和可能带来负面效应的行为的彻底否定与贬斥。在老子看来，天地间万事万物都有它们自己的运行规律，都是和谐和圆满的，任何人力的参与和干扰，都可能打破平衡，中断事物的正常发展，从而产生不良的后果。人类只要有所作为，就必然留下斧痕，这是无法避免的。这也许正是人类最深、最大的悲哀。所以，老子对"无为"推崇备至。老子说："是以圣人处无为之事，行不言之教。"又说："无为之益，天下希及之。"这都体现了他对"无为"的重视。

无为不是无所作为，更不是无所事事，而是顺其自然，不违天理，不害物性。老子的"无为"，说到底是"无违"，即不违天理，不违大道，不违自然，不违常恒，不违物性，不倒行，不逆施。在老子看来，大道、自然的力量是无穷的，正如奔涌的江河，浩浩荡荡，顺之者昌，逆之者亡。老子谆谆告诫世人，在大道和自然面前，人类应当顺应，而不是拂逆。顺应会一帆风顺，事半功倍，安乐康宁；拂逆必然是举步维艰，心劳日拙，自食其果。老子这方面的论述很多，如"人法地，地法天，天法道，道法自然"。又如"是以圣人无为，故无败；无执，故无失"。

无为就是善为，就是超越世俗的高明之举，就是不见金针而成锦绣。老子在这方面列举了很多例子，如："大方无隅，大器晚成，大音希声，大象无形。道隐无名。夫惟道，善贷且成"。又如："善建者不拔，善抱者不脱，子孙以祭祀不辍"。一个"善"字，道破了老子无为的真谛。无为并不是无所作为，而是凭借自己高超的智慧和眼力，识破机关，抓住关键，顺势而动，善于作为，功成名就而不留痕迹。

无为就是利而不害，为而不争，不挟私，不占有，坦然而行，多予少取。老子的无为根源于天覆地载的大度，效法天地生而不有的厚德，不仅睿智，而且向善，值得我们敬仰和遵循。老子说："万物作焉而不辞，生而不有，为而不恃，功成而不居。夫惟不居，是以不去。"又说："是以圣人后其身而身先，外其身而身存。非以其无私耶？故能成其私。"

无为是手段和途径，无不为和成就万物才是要达到的目的。老子说："无为而无不为。"又说："夫唯不争，故天下莫能与之争。古之所谓'曲则全'者，岂虚言哉？诚全而归之。"

无为对于治理国家来说，那是最高的境界和最理想的效果，无为而治将政通人和、国泰民安。老子无为的思想，是针对所有人和所有事而提出的，但主要是针对政治家而提出的。首先，老子响亮地提出无为是治国安邦的根本准则。他说："治大国，若烹小鲜。""烹小鲜"生动形象，人人明白，浅显明了地解释了"无为"的含义。大家都知道，煎烹小鱼最忌乱翻。治理国家也是一样，最忌好大喜功，朝令夕改，政令烦琐，处处干预，百姓不知所从。其次，老子严正告诫统治者要摒弃偏私之见，要摒弃智巧，不要自以为是，要以百姓之心为心，要和光同尘。老子说："爱民治国，能无为乎？天门开阖，能为雌乎？明白四达，能无知乎？"还说："圣人常无心，以百姓心为心。"

无为不是无能，无为对统治者和普通人来说，都是睿智和练达的表现，都要经过长期参悟和修养才能达到。在老子看来，无为既不是无所事事，不思进取；也不是懒庸昏聩，不堪造就。恰恰相反，达到无为之境的人，多是"微妙玄通，深不可识"之士，多是可以寄天下、托重任的不世之材。老子每嘉许"无为"之时，总是把它和圣人联系在一起，认为只有圣人才能"处无为之事、行不言之教"。

那么，怎样才能练就无为之心呢？老子强调，要下大功夫，断一切偏私和妄念，即"为学日益，为道日损。损之又损，以至于无为。无为而无不为"。

七、后发制人

老子作为一位伟大的思想家，不仅高度关注战争这一社会现象，而且对如何看待战争、如何避免战争、如何克敌制胜等一系列重大问题，都有自己独特的见解和论述。老子的军事战略思想，既源于大道，高标不凡，又切入实际，便于应用。因此，有学者认为，《道德经》实际上是兵书，老子乃兵家之祖。

尽管《道德经》一书中直接谈"兵"的有十几章之多，但我们并不认为《道德经》就是一部兵书。当然，我们也不认为《道德经》就是一部纯粹的哲学著作。说《道德经》是兵书或者哲学著作，都不能概括《道德经》的伟大成就。《道德经》揭示的是天道、地道和人道，每一个人都可以从中找到安身立命、治国兴邦、清静自怡的启示和方略，各家各派都可以从中获得知识和教益。

《道德经》虽然不是一部兵书，但其中确有极其丰富的军事思想。举凡当时战争的各个方面，五千言中不仅都涉及了，而且提出了一系列高屋建瓴、富有创意的见解。仔细分析一下，老子的军事思想大致包括以下几个方面：

战争有悖于天道和自然规律，战争起源于贪欲和争夺。老子说："天下有道，却走马以粪；天下无道，戎马生于郊。祸莫大于不知足，咎莫大于欲得。故知足之足，常足矣。"这就是说，天下有道时，马是用来耕田的；天下无道时，连快要生产的母马也要奔驰在疆场，在荒郊野外生下小马驹。人们不知满足，贪得无厌，正是战争出现的原因。

老子极力反对战争，深刻揭示战争的残酷性和破坏性。老子认为，战争是不祥之器，有道者对战争是嗤之以鼻的。他说："夫兵者，不祥之器，物或恶之，故有道者不处。"老子还告诫那些穷兵黩武者，战争"其事好还"，你打别人，别人也不会等闲，最终必自焚。老子非常痛心地描绘战争带来的严重后果："师之所处，荆棘生焉。"军队所到之处，田园就会荒芜；哪里有战争，哪里就会饿殍遍野。

大国小国要平等相处，通过外交手段弭战谋和。老子还特别强调，在处理国与国之间的关系上，大国起着主导性作用。大国应该像江海一样，谦居下位，善待小国，这样才能天下太平。当然，小国也要主动向大国示好，求得大国的容让和庇护。老子赞美和平、呼唤和平，希望人人都能过上安定美满的太平日子。即使拥有军备，也最好停而不用："虽有甲兵，无所陈之"。

即使被迫应战，也要慈悲为怀，把战争的伤亡减到最低限度。老子反对战争，认为即使被迫应战，即使师出有名，也要心怀慈悲，以战止战，适可而止，不穷兵黩武，不乱征滥杀。老子关于战事要以慈为先的思想，在《道德经》中有非常精辟的高论。老子指出：军中礼仪和我们的日常生活都是相反的：人们的日常生活以左为贵，军旅的秩序和礼节以右为贵。人们日常生活有喜庆之事也是尚左，以左为贵；遇到凶事，诸如办丧事才尚右，所以说军礼都是以办丧事的习惯来安排的。这也体现了老子对战争的态度。

立足于防御，以后发制人作为总的战略方针。老子虽然厌恶和反对战争，但他也深知在当时的社会背景下，战争不可避免。所以，老子并不一概地反对军备，而是倡导要建立起强大的防御体系，随时准备迎击来犯之敌。老子说："犹兮若畏四邻。"又说："鱼不可脱于渊，国之利器不可以示人。"与这种防御观念相对应，老子提出了后发制人的战略方针："吾不敢为主，而为客；不敢进寸，而退尺。"不主动侵犯他国，后发制人，这就首先在道义上站得住脚，使自己的军队成为得道多助的正义之师。

但是，这些并不是老子后发制人的最要紧处。老子后发制人的真正智慧，是以反求正，由被动变主动，以柔弱胜刚强，最终达到克敌制胜的军事目的。老子指出："将欲歙之，必固张之；将欲弱之，必固强之；将欲废之，必固兴之；将欲取之，必固与之。是谓微明。"老子提出要退让一步，后发制人，就是要达到"歙之""弱之""废之""夺之"的目的。退让和后发都不是目的，而是手段和谋略，制人和最终取胜才是目的。古往今来的政治家和军事家，倡导先发制人者大有人在，先发制人的优势也是显而易见的。那么老子为什么这样崇尚后发制人呢？原因在于，老子认识到后发制人符合道的运行规律，顺道而行才是取胜的关键。

大象无形，开以奇用兵之先河。老子说："以正治国，以奇用兵，以无事取天下。"所谓"以奇用兵"，恰恰与治国相反，无章可循，无法可依，靠的是因地制宜，靠的是出奇制胜，靠的是上谋良策。老子的一个"奇"字，鲜明地概括出军事斗争的要害和特点，反映出战争不同于常态的特殊情况。中国古代的军事家，无不认同和接受老子"以奇用兵"的思想，且结合战争实际不断进行创新和发展，所谓"六韬""三略"，所谓"三十六计""七十二策"等，几乎所有的军事著作，其最闪光之处都是以奇用兵。

沉着冷静，这是每个优秀将领必备的心理素质。老子不仅提出"后发制人"和"以奇用兵"的高超战略思想，还提出，要想克敌制胜，军事将领必须具备良好的心理素质：沉着冷静、慎思善谋、视高见远、不急不怒。老子说："重为轻根，静为躁君。是以君子终日行不离辎重。虽有荣观，燕处超然。"又说："善为士者，不武；善战者，不怒；善胜敌者，不与；善用人者，为之下。"在人类战争史上，不知有多少将领吃了激将法的亏，决策为情绪所影响，不该迎战的迎战，不该出城的出城，不该进攻的进攻……结果是由主动变为被动，损兵折将，甚至全军覆没。

八、知足常乐

无论你信仰什么，崇尚什么样的生活方式；无论你是圣人豪杰，还是凡夫俗子；无论你是贫穷还是富有，总会对幸福和快乐充满期待。但是，在我们的实际生活中，却常常是乐少忧多，真正能每天快快乐乐生活的人只是少数。所以，如何使生活变得更加快乐，就成了人类永恒的话题。

我们通过读老子的书，听老子的传说，看老子的画像，可以清楚地认识到：老子既是一位大贤和大哲，又是一位浑身上下都充满快乐的人。老子的智慧是极高明的，老子的快乐同样也是无比深厚的。老子的愉悦和快乐，不是一般人的沾沾自喜和喜形于色。老子的快乐是天然的，是玲珑剔透的，是自内而外的，是平和恬淡的，是绵长隽永的……

老子为何能达到这样至圣至洁的快乐境界呢？老子对我们找寻人生快乐有哪些教诲和启示呢？归结起来，大致有以下几个方面：

首先是得道之乐。老子得道缘于其智慧，老子快乐缘于其得道。老子是得大道之人。得道不易，连孔夫子都说："朝闻道，夕死可矣"。得道之人是什么样呢？得道之人"微妙玄通，深不可识"，他高瞻远瞩，见人所不见之夷，闻人所不闻之希，搏人所不搏之微；他通晓天地变化之理，"反者道之动，弱者道之用"；他深谙万物之性能，有之以为利，无之以为用；他知吉凶之所由，祸兮福所倚，福兮祸所伏；他看破宠辱，得之不喜，失之不惊；他清静自守，甘于寂寞，绝学无忧；他超越生死，归根曰静，有始有终；他孔德之容，惟道是从……像老子这样的得道之人，他的人生能不快乐吗？

其次是观物之乐。老子说："夫物芸芸，各归其根。归根曰静，静曰复命。复命曰常，知常曰明。"这就是观物之乐。老子认为，人得道之后，就会以超然和达观的态度来对待一切，看待一切，观察一切，这当然也包括对自身以及周围事物的观察。这种达观和超然的态度，和我们通常看待事物的角度是大不相同的。它是在明白了事物发展变化的规律之后，带着欣赏的眼光来看待天地间各种吉凶祸福的。一般人看待事物，或为曲见所蔽，或为情感所累，很难洞察事物的真谛。用达观的态度来看待万象，虽然山还是那座山，河还是那条河，事还是那件事，但青山更加妩媚，河水更加清澈，万事万物充满更多真善美。

再次是清闲之乐。一个人如果有了内心的虚静，有了身体的清闲，那他必然是幸福快乐的。这正如古人所说的那样："春有百花秋有月，夏有凉风冬有雪。若无闲事挂心头，便是人间好时节。"德国大诗人歌德曾这样呼唤："甘美的宁静，来吧，啊，来到我的心怀！"人们有时把享福叫作"享清福"，这不是没来由的。老子，这位旷古的智者，他不仅自己享受清闲之乐，而且向世人指出了通往清闲之乐的康庄大道：第一条路，就是要把心安下来，通过涤除玄览，达到"致虚极，守静笃"的境界，不受外物干扰，不为宠辱所动；第二条路，面对繁重的生活和工作之累，要顺其自然，要"无为而无不为"，要"不为而成"，要"为而不争"。

复次是抱朴之乐。所谓抱朴，是指保持内心的淳厚和质朴，"朴"指的是未经加工的木材。在老子的思想中还有两个和它相似的比喻，那就是"素"和"婴儿"。老子为什么这样推崇朴、素和婴儿呢？因为在他看来，朴、素和婴儿象征着真善美，本身即是快乐的。见素抱朴和婴儿状态为什么是快乐的呢？老子认为，这种淳厚质朴的状态充满了天真和新奇，没有杂念和执着，没有恩怨和愤懑，没有过多的欲望和期求，只有无条件的怡然和自乐。我们每个人都有这样的体验：在天真烂漫的孩童时代，尽管我们没有多少知识和技能，没有财富和名声，当然更没有权势，但我们都过得幸福而快乐。那美妙而一去不复返的童年回忆，甚至成为鼓舞我们走完艰难人生的精神力量。

最后是知足之乐。老子说："祸莫大于不知足，咎莫大于欲得。故知足之足，常足矣。"又说："故知足不辱，知止不殆，可以长久。"这是对中华民族影响至深的重要思想——"知足常乐"的出处。正确对待生活，懂得满足，才能拥有幸福快乐的人生。正是因为每个人都有各种各样的欲望，老子才明智地提出人要知足。一个"知"字，抓住了关键，切中了要害。满足不是靠获取，那样只能是缘木求鱼；满足应是自求平衡，是自我的感觉。自己认为不满足，任何外力无以加劝；自己认为满足了，任何外力无以阻拦。当你发自内心地感到满足时，接踵而来的便是不可言状的快乐。当然，老子并不是让我们放弃对更好生活的追求，而是让我们顺应自然规律，反对不切实际的妄念，懂得满足。

九、长生之道

古往今来，很多哲人都论述过养生问题，而老子对养生问题的论述尤为精辟。老子关于生命和养生的思想，是博大精深而自成体系的，其具体内容和影响大致可以概括如下：

热爱生命，赞美生命，把生命看得高于一切。只有热爱生命，珍惜生命，才会关注健康，探索养生之道。《道德经》五千言，充满了对生命的热爱和赞美。老子尊重生命，是因为人的生命既是道化育的结果，也是认识道的主体。"道生一，一生二，二生三，三生万物。"没有道，便没有万物和人的生命；同样，没有人的生命，道的光芒便无从显现。老子曾自豪地宣告："故道大，天大，地大，人亦大。域中有四大，而人居其一焉。"人在宇宙中虽然如同尘埃，但其价值却与道同等重要，与天地同辉。

考察万类，以婴儿为喻，反复强调"和合"与"柔弱"是生命的最佳状态。生命的实质是什么？什么是生命的最佳状态？这是养生要首先辨明的根本问题。老子凭借他独具的慧眼，根据他对动物、植物各种生命体的细致观察，非常高明地提出柔弱与和合才是生命的最佳状态。老子斩钉截铁地向世人宣告："人之生也柔弱，其死也坚强，草木之生也柔脆，其死也枯槁。故坚强者死之徒，柔弱者生之徒。"大家只要看一下我们身边动物和植物的生命过程，就可以知道老子说的话是很有道理的。养生的主要任务，就是使生命保持柔弱的状态。

老子还认为，生命最佳状态的另一个特点是和合，是天真。什么是和合？就是生命体内部的各系统高度和谐，浑然一体。老子观察到，婴儿既代表了无比的柔弱，又具有高度的和合性，他将婴儿视为生命最佳状态的标志。老子深情地赞叹道："含德之厚，比于赤子。毒虫不螫，猛兽不据，攫鸟不搏。骨弱筋柔而握固，未知牝牡之合而朘作，精之至也。终日号而不嗄，和之至也。"那么，养生的目的，当然最好是能达到这样一种和合的状态。

顺其自然，性命双修，是老子养生的指导思想。"人法地，地法天，天法道，道法自然。"道是宇宙间的根本法则，道的最大本质和特性就是顺应自然规律。养生和其他行为一样，都要按道行事，顺其自然。老子还就养生中如何顺应自然，作了详细的论述："道生之，德畜之，物形之，器成之。是以万物莫不尊道而贵德。道之尊，德之贵，夫莫之命而常自然。故道生之，德畜之，长之育之，亭之毒之，养之覆之。生而不有，为而不恃，长而不宰，是谓'玄德'。"这就是说，道不仅可以孕育万物和人的生命，而且可以自然而然地抚育和成长万物，使其各正性命。人只要顺其自然，与四时合其序，不做拔苗助长之事，没有伤害性命之举，这就是最大的养生了，就可以颐养天年了。反之，如果违反自然之道，过度地关注生命，对生命进行过度的保养，就是老子所说的"以其生生之厚"，这不仅不是养生，甚至还会招致疾病和死亡。

而所谓性命双修，就是在养生中把养身和修德结合起来，将二者看得同等重要，以德养身。有人说，《道德经》五千言通篇都是讲养生的，如果从性命双修的角度来看，这种说法是有道理的。老子讲的清静无为、善利万物、少私寡欲、知足常乐等，这既是对道德和人格修养的要求，也是对养生的要求。所以老子强调："修之于身，其德乃真；修之于家，其德乃余；修之于乡，其德乃长；修之于邦，其德乃丰；修之于天下，其德乃普。"随着人格和道德水平的提高，其养生的水平也会相应提高。

在老子看来，抱一守真，敛气培根，是养生的根本大法。老子认为，包括人在内的万事万物，得"一"则生，失"一"则亡："昔之得一者，天得一以清，地得一以宁，神得一以灵，谷得一以盈，万物得一以生，侯王得一以为天下正。其致之也，天无以清，将恐裂；地无以宁，将恐废；神无以灵，将恐歇；谷无以盈，将恐竭；万物无以生，将恐灭；侯王无以正，将恐蹶。"在老子看来，不要说人，就是天地和神明，如果失去了"一"，也会废弃和消亡。那么，"一"是什么呢？"一"就是道，是道在孕育万物时赋予它们的先天特质。具体到人赖以维持生命的"一"，就是统摄形神的真气。因此，老子反复强调，要"抱一"：为人处世要"抱一为天下式"，养生要"营魄抱一"。这对中国古代的养生思想产生了深远影响。

清静虚无，弱志强骨，是老子养生的不二法门。老子认为，能否做到清静虚无，既表示了一个人对道的认识程度，也是人们养生的要害所在。做不到清静虚无，养生就无从谈起。《道德经》第十六章中的一段话，为历代养生学家所重视，有人甚至认为它是最早阐释养生理念的文献："致虚极，守静笃。万物并作，吾以观复。夫物芸芸，各归其根。归根曰静，静曰复命。复命曰常，知常曰明。不知常，妄作凶。知常容，容乃公，公乃王，王乃天，天乃道，道乃久，没身不殆。"这集中表现了"清静虚无"的重要意义。为什么要静呢？老子说得很清楚，静就是归根、复命、守常。只有静，才能健康长寿。毫无疑问，人的脏腑和血脉是永动不息的，受到人们情绪的影响，所以人的情绪更需要平静。那么"虚"字该如何理解呢？虚和静有密切联系，但还不完全是一回事。单从养生学的角度来看，虚怀若谷，看实如虚，有利于人的心态平静。心静之后，人的精神和血脉又虚空无碍，流畅自如，一尘不染。

因此，所谓的"弱其志"云云，不是弱化人的志向和理想，而是要减弱私欲、柔顺心气，使身心都处于柔弱与平和的状态。"强其骨"的养生思想，也反映了老子的洞察和明智。因为就一般而言，老子是不以"强"来赞美任何事物的，唯独说要"强其骨"。正是老子"强其骨"这一重要补充，才使以柔弱虚静为尚的道家养生实践活动，并没有忽视强骨健身。

去奢去泰，保养有度，是老子养生的重要法宝。老子不反对正常的享受，但他反对纵欲，反对声色犬马，反对过度追求感官刺激，认为那样对身心都会带来损害："五色令人目盲，五音令人耳聋，五味令人口爽。驰骋畋猎，令人心发狂；难得之货，令人行妨。"老子对于那种过度养护身体的行为提出批评，并断言过度的养生是招灾之途："出生入死。生之徒十有三，死之徒十有三，人之生动于死地，亦十有三。夫何故？以其生生之厚。"

要之，老子养生之道蔚然大观，源远流长。老子和道家、道教是三位一体，道家和道教的主要思想皆本于《道德经》。换句话说，没有老子，就没有道家和道教。老子的思想，特别是老子的养生思想，对道家和道教产生了巨大的影响。大家知道，两千年来，道教在养生方面作出了不懈的探索，道医已形成完整而庞大的体系，但道教的养生思想无论如何变化，养生方式无论如何翻新，都能从《道德经》五千言中找到源头，可谓万变不离其宗。不仅如此，老子的养生思想还影响了官廷，影响了士大夫，并通过道观影响到民间，对中华民族传统的养生思想产生了深远的影响。

十、理想主义

古今中外很多思想家都为人类描绘过美好的社会蓝图：或大同世界，或理想国，或乌托邦。那么，老子又是如何描绘理想社会美好蓝图的呢？应该说，在《道德经》一书中，随处都有对美好生活状态的描绘，五千言就是老子实现社会理想的宣言书。而《道德经》第八十章更是老子对理想社会的集中描绘。通过这段凝练优美的文字，一个安宁舒适、美妙至极的理想世界，鲜活生动地展现在人们的面前："小国寡民，使有什伯之器而不用，使民重死而不远徙。虽有舟舆，无所乘之；虽有甲兵，无所陈之；使民复结绳而用之。甘其食，美其服，安其居，乐其俗。邻国相望，鸡犬之声相闻，民至老死不相往来。"

如果说《道德经》只是从政治和哲理的角度勾勒小国寡民的理想社会的话，那么陶渊明的《桃花源记》，则是凭借着天才的想象力和生花妙笔，为我们再现了小国寡民的无限风光。小国寡民就是桃花源，桃花源就是小国寡民；小国寡民就是中国的乌托邦，中国的乌托邦就是世外桃源——这些，都已经成为中国人的集体记忆。

《桃花源记》是大家耳熟能详的，但不论如何讲解和评论，都难以表达《桃花源记》的美妙和奇异，都不能反映它浑然一体的意境和意蕴，都不能描绘它处子般的天真和美好……要理解《桃花源记》，要感悟它的诗情和画意，最好的办法是独自诵读，反复吟哦。值得注意的是，《桃花源记》几乎承载了老子思想的精髓和"小国寡民"的全部要素，《桃花源记》是"小国寡民"的艺术版。现在，我们就来梳理一下《桃花源记》和《道德经》的五个相通之处，以此来深入理解老子的社会理想：

忘机弃巧，高歌返璞归真。老子思想的精髓就是崇尚无为，摒弃机巧，倡导返璞归真，小国寡民可以说就是一幅人类全方位返璞归真的画卷。那么，《桃花源记》呢？它不仅描绘出人类返璞归真后的生活画卷，还明确点出：如果不忘机弃巧，世间就根本不存在美妙的桃花源。"缘溪行，忘路之远近。忽逢桃花林……"只有在"忘路"的情况下，才能偶然发现桃花源。当然这里的"忘路"是隐喻，实指忘掉世俗的羁绊。

鸡犬相闻，桃花源在福地洞天。老子的小国寡民和陶渊明的世外桃源，都是土地面积小、人口数量少，自给自足，与外界隔绝。人类的理想国为什么都是与世隔绝、别有洞天呢？这不仅只是从地理和生活状态上来讲的，它也向人们提示：不和现实生活划清界限，就不可能建立起真正意义上的世外桃源。

不慕新奇，古风吹遍田野河山。老子的小国寡民和陶渊明的世外桃源，都不追求新奇，不急功近利，不攀奢比富，一派天然，一派醇厚，一派古风。老子不主张用新奇和功能强大的器械，连船只车辆也不必使用，甚至可以像上古时代一样结绳记事。陶渊明的桃花源里，既没有官室台榭，也没有奇技淫巧，没有难得之货，有的只是天然的"良田、美池、桑竹之属"，有的只是"阡陌交通，鸡犬相闻"。

甘食美服，其乐融融似神仙。小国寡民也好，桃花源也好，他们虽然男耕女织，不竞富贵，不求豪华，但有吃有喝，冬暖夏凉，生活殷实，精神和乐，寄托了传统社会对生活安定的诉求。

无灾无难，相亲相爱享天年。小国寡民里没有战争，没有剥削，没有压迫，"虽有甲兵，无所陈之"。桃花源中人，也是无灾无难，人人相亲相爱，怡然自乐。这里再说明一点，《道德经》和《桃花源记》都反复提到鸡犬之声相闻。在农业文明中，鸡犬之声相闻，既说明富足，也表明社会的安宁，还昭示着生活的欢乐与祥和。老子是重养生和倡导长生不老的，想必小国寡民和桃花源里人，不仅生活得幸福而欢乐，也大都会长寿而尽享天年吧！

老子的思想是蔚然大观，是非常丰富的。以上从十个方面剖析了老子的思想，但是老子的思想也可以一言以蔽之，那就是：保持和谐。自从开天辟地以来，人类便面临着三大冲突：人与自然的冲突，人与人之间的冲突，人与自己内心的冲突。科学技术的发展和物质生活水平的提高，并不能消除这三大冲突，甚至会使某些冲突更加恶化。老子之所以是伟大的思想家，就是因为他在解决人与自然的冲突、人与人的冲突和人与自己内心的冲突这三大亘古不变的人类难题中，提出了系统的意见，为人类贡献了特殊的智慧：法天法地，顺其自然，天人合一，实现人与自然的和谐；利而不害，为而不争，柔弱居下，实现人与人的和谐；达观通变，清静自守，知足常乐，实现人与自己内心的和谐。

上

篇

第 一 章

道①可道②，非常③道；名④可名⑤，非常名⑥。无，名⑦天地之始；有，名万物之母⑧。故常无，欲以观其妙⑨；常有，欲以观其徼⑩。此两者同出而异名，同谓之玄⑪。玄之又玄，众妙之门⑫。

◎ **注释**　①〔道〕老子提出的一个重要哲学概念。它既是宇宙的本体，又是宇宙间万事万物的运行规律。②〔道〕用言语来表达。③〔常〕恒常不变的。常，马王堆汉墓帛书本《道德经》甲、乙本均作"恒"。《道德经》有西汉河上公注、三国王弼注等不同注本，又有帛书本、竹简本等，内容各有出入。本书参考高亨《老子注译》、陈鼓应《老子今注今译》等今人注本，相互参照，择善而从，言必有据。为节省篇幅，除个别重要词句外，对异文不再单独标注。④〔名〕名称。⑤〔名〕命名。⑥〔名〕《老子》特用术语，是称"道"之名。⑦〔名〕叫作，是。⑧〔母〕母性，根源。⑨〔妙〕微妙，精妙。⑩〔徼 (jiào)〕边际，范围。⑪〔玄〕玄奥幽深。⑫〔门〕开端，源头。

◎ **译文**　宇宙、人生的本源大道，一经用言语来表述，就不是那个恒常不变的"道"了。凡是可以称呼的名字，也都不是那个真实不虚的名字了。至虚的空无，可称为天地、宇宙的开始；有形的存在，可称为万物的根源。所以时常将心神集中在虚无的"道"上，为的是观察它的精妙；时常将心神集中在有形的万物上，为的是观察"道"的边际。虚无与有形都是同一个本体不同的表现形态而已，都是很玄奥的。玄奥里头又有玄奥，重重无尽，种种精妙的变化都由此而来。

◎ **释疑解惑**

本章是《道德经》开宗明义之篇，可以看作是全书的总纲。许多伟大的哲学家和大科学家，都试图探寻探索宇宙的本源，并试图建构出一个生动形象的宇宙模型。其中最有影响的是康德的星云假说和现代宇宙学的大爆炸宇宙论。老子也针对宇宙本源及演变规律作了深入思考，并将其命名为"道"——宇宙的发展是从"道"开始的，宇宙的诞生就是道内部各种矛盾相互激荡、相互推演的结果。当然在老子看来，大道不可言传、不可指代，而且是无形无状的，"道"这个概念本身是不应该有的，只是为了表达的方便，才不得已而为之。所以第二十五章说"强字之曰道"。

◎ 成语探源

玄之又玄："极其奥妙、不容易理解"的意思，出自本章的"玄之又玄，众妙之门"。

第二章

　　天下皆知美之为美，斯恶①已②；皆知善之为善，斯不善已。有无相生，难易相成，长短相形③，高下相盈④，音声相和⑤，前后相随，恒也。是以圣人处无为⑥之事，行不言之教。万物作焉而不辞⑦，生而不有，为而不恃⑧，功成而不居。夫惟不居，是以不去⑨。

◎ **注释**　①〔恶〕与"美"相对，丑陋，丑恶。②〔已〕同"矣"，语气词。③〔形〕形成，显现。④〔盈〕通行本皆作"倾"。据帛书本改正。⑤〔和〕应和。⑥〔无为〕不刻意作为。⑦〔万物作焉而不辞〕这句话在不同版本里文字有出入，此处以王弼本为依据。辞，干预，干涉。⑧〔恃〕仗恃，依赖。⑨〔去〕去除，消除，泯灭。

◎ **译文**　天下的人都知道美之所以为美，丑的观念也就产生了；都知道善之所以为善，不善的观念也就产生了。"有""无"是互相依存的，"难""易"是互相成就的，"长""短"是互相显现的，"高""下"是互相依靠的，"音""声"是互相应和的，"前""后"是互相跟随的。这是永恒不变的现象。由于这个缘故，圣人秉持"无为"——不刻意作为的原则来处理事情，秉持"不刻意言语"的原则来实施教化；就好比天地一样，造就万物而不干涉，生成万物而不据为己有，有所作为而不自恃，成就功业而并不自我夸耀；正是因为不居功，他的功业才永远不会泯灭。

◎ **释疑解惑**

　　在老子看来，"有"与"无"、"难"与"易"、"长"与"短"、"高"与"下"都是相互依存、相辅相成、相互转化的，宇宙间万事万物都是相反相成的，这也是自然界和人类社会都要遵循的基本规律。

　　所谓"相反相成"，是指这样一种深刻的辩证思想：宇宙间万事万物都包含着相互对立而又彼此依存的两个方面，这两个方面处于同一个统一体内，都以对方的存在为自身的存在条件和前提，而且相互作用、相互包含、相互转化。

《周易》将这种相互对立的两个方面概括为"阴"与"阳",指出"一阴一阳之谓道";《庄子》也说:"易以道阴阳。"本章所列举的几对矛盾,均是彼此依存、彼此生成、相互转化、相辅相成的,可视为"阴""阳"的表现形式。

基于这种万物相反相成、相互转化的思想,老子指出,说话、做事不要过于偏执,不要犯片面化、绝对化的毛病。因为"物极必反",过于强调某一方面,就会导致相反的一面,得不偿失。所以老子推崇"不刻意作为""功成不居"的品质,这也是老子"无为"思想的具体体现。

◎ **成语探源**

功成不居:意思是"立了功而不把功劳归于自己"。出自本章的"为而不恃,功成而不居"。

第三章

不尚贤，使^①民不争；不贵^②难得之货，使民不为盗；不见可欲，使民心不乱。是以圣人之治，虚^③其心，实其腹，弱其志，强其骨。常使民无知^④无欲，使夫^⑤智者不敢为^⑥也。为无为，则无不治^⑦。

◎ **注释**　①〔使〕使得。②〔贵〕以……为贵，珍视。③〔虚〕使……清虚，内心开阔。④〔知〕心智，智巧。⑤〔夫〕虚词，没有实际意义。⑥〔不敢为〕不敢妄为。⑦〔治〕太平。

◎ **译文**　社会不崇尚贤能的人，使民众不起争心；不珍视难得的财宝，民众就不会偷盗抢夺；不炫耀能激发贪欲的东西，民众的心神就不会被扰乱。所以，圣人治理天下的原则在于：让百姓的心神清虚，肚腹充实，志趣薄弱，筋骨强健。常使百姓没有（伪诈的）心智和贪婪的欲望，使那些自作聪明的人不敢妄为。秉持"不刻意作为"的原则来治理天下，那么自然能实现天下太平。

◎ **释疑解惑**

本章着重阐述"无为而治"的思想。"无为"二字代表了老子思想的实质和精华。著名学者庞朴先生把这里的"无"解释为"实有似无"，本书认为这比较符合老子思想的原旨，和老子的整个思想体系是相吻合的。老子所强调的"无为"主要是指："人们对待任何事物都要秉持实有似无的态度，从容恬静，顺其自然，不要违反自然规律去勉强作为。"在此，有一点需要特别指出：老子所说的"无为"，绝不是消极的不思进取，而是不妄动，不违背自然规律。

所谓"无为而治"，也是指这样一种治国思想：顺应自然规律，轻徭薄赋，减轻百姓负担，汉代著名的"文景之治"可以说是无为而治的典范。"无为"看似消极和柔弱，实际是顺应天道和自然规律的处世之道、治国之法，其核心在于"不违"：不违大道，不违自然，不违天理，不违人情，不违时势，不违民意，如此方能成就大事。

◎ 成语探源

空腹高心：意思是"腹内空虚，心气很高"，形容一个人并无真才实学却非常高傲。出自本章的"虚其心，实其腹"，具体含义有所不同。

第四章

道冲^①，而用之或不盈^②。渊^③兮，似万物之宗。（挫其锐，解其纷，和其光，同其尘^④。）湛^⑤兮，似或^⑥存。吾不知谁之子^⑦，象^⑧帝^⑨之先。

◎ **注释**　①〔冲〕空虚的，清虚的。②〔盈〕"冲"的反义词，满盈，充满。③〔渊〕深邃。④〔挫其锐，解其纷，和其光，同其尘〕有的版本有此四句，疑是第五十六章错简重出，其具体释义、解读请参见第五十六章。⑤〔湛〕隐秘。⑥〔或〕可能的。⑦〔子〕子女。⑧〔象〕好像。⑨〔帝〕天帝。

◎ **译文**　"道"的本体是清虚的，但它的作用好像是无穷无尽的；它是那么地深邃啊，似乎是万物的宗主；它是那么地隐秘啊，又好像是确实存在的。我不知道它的由来，似乎在天帝之前就已经存在了。

◎ **释疑解惑**

　　本章继续阐述"道"的本质特征。同第一章一样，老子首先强调了"道"的空无、清虚。在此基础上，老子又阐释了"道"的另外三种特性：功用无穷无尽，澄净，亘古而存。

第五章

天地不仁，以万物为刍狗①。圣人不仁，以百姓为刍狗。天地之间，其犹橐籥②乎！虚而不屈③，动而愈出。多言数④穷⑤，不如守中⑥。

◎ **注释** ①〔刍（chú）狗〕古代祭祀时所用的草扎的狗。本章用其象征意义，用它来类比万物与百姓。②〔橐籥（tuó yuè）〕风箱。由两部分构成：橐，鼓风器；籥，通气的竹管。③〔屈（jué）〕衰竭，穷尽。④〔数〕通"速"，加速。一说读 shuò，指屡次，亦通，本书译文取前者。⑤〔穷〕困窘，窘迫。⑥〔守中〕持守虚静。

◎ **译文** 天地是无所谓仁慈不仁慈的，不过是把万物当作祭祀时草扎的狗罢了，任凭万物自然生长；圣人是无所谓仁慈不仁慈的，不过是把百姓当作祭祀时草扎的狗罢了，任凭其自己发展。天地之间的道理，不正像个风箱吗？空虚但不会枯竭，鼓动起来，就会生生不息。政令烦苛，反而会加速败亡，倒不如持守虚静。

◎ **释疑解惑**

本章首先讲述天地与圣人"不仁"的道理。这里所说的"不仁"，并不是说天地与圣人不仁慈，而是说天地与圣人自有一定的规则，他们公平对待万物，不会专门对谁仁慈，也不会专门对谁不仁慈，无爱无憎，无恩无怨，其实是一种"至仁"。为了表达这一道理，老子用了一个非常形象的比喻："刍狗"，即用稻草所扎成的狗。它本来是没有的，扎成以后，也不是真实的生命体，但是却有具体的用处，可以作为祭祀时的祭品。扎制它的人，对它也并无爱憎、恩怨，用后又将其弃置一边。这也就是《庄子·天运》所说的"夫刍狗之未陈也,盛以箧衍,巾以文绣,尸祝斋戒以将之。及其已陈也,行者践其首脊,苏者取而爨之而已"。关于"以百姓为刍狗"的理解，林希逸指出："刍狗之为物，祭则用之，已祭则弃之。喻其不着意而相忘尔……而说者以为视民如草芥，则误矣。"即像对待刍狗那样，以顺其自然的态度对待百姓，让其顺从天性自然发展，而不加干预。这其实也是老子"无为"思想的体现。

此外，本章还阐释了形而上的"道"与形而下的"宇宙万物"之间的关系。道作为本体是虚无的，如同竹笛、风箱都是中空的，然而世间万物都是以"道"为基础的，又都可以比喻为"刍狗"。所以最后又提出了"守中"即"持守虚静"的原则，这是符合"无为"原则的。

第六章

谷神^①不死，是谓玄牝^②。玄牝之门，是谓天地根^③。绵绵若^④存，用之不勤^⑤。

◎ **注释**　①〔谷神〕"谷"是"深谷"的意思，形容"道"的清虚；"神"是"神妙"的意思，形容"道"的玄妙。②〔玄牝（pìn）〕"玄"，即"玄妙""玄奥"；"牝"，指母性。③〔根〕根源，母体。④〔若〕好像。⑤〔勤〕倦怠，衰竭。

◎ **译文**　如同深谷一样清虚的"道"没有生过，因而也不会死去，它就是玄妙的母性啊！这个母性是天地万物生发的源头，幽微而绵延不断，好像是始终存在的，作用是无穷无尽的。

第七章

天长地久。天地所以长且久者，以其不自生^①，故能长生。是以圣人后^②其身^③而身先，外^④其身而身存。非以其无私邪？故能成其私^⑤。

◎ **注释**　①〔自生〕为了自身而生成、生存。②〔后〕使……位于后面。③〔身〕身体，自身，身家性命。④〔外〕使……位于外面。⑤〔成其私〕成就自己。

◎ **译文**　苍天是绵长的，大地是永久的。天与地之所以绵长而久远，是因为它们不是为了自己而生成，所以能够长久地生存。所以，圣人把自己的身家性命放在后面，反而能受到大家的推崇而占先；把自己的身家性命置之度外，反而得以存续。这不正是因为自己无私，反而能够成就自己吗？

◎ **释疑解惑**

本章仍是基于辩证思想，强调"无为""无欲"原则的重要性。后世范仲淹的名句"先天下之忧而忧，后天下之乐而乐"也是源自本章中的"圣人后其身而身先，外其身而身存"，而在境界上又有所升华。

◎ **成语探源**

天长地久：意思是"跟天和地存在的时间一样长久"，形容永远不变。出自本章的第一句话。

第 八 章

上^①善若水，水善利^②万物而不争，处众人之所恶^③，故几^④于道。居善地，心善渊，与^⑤善仁，言善信，政^⑥善治，事善能^⑦，动善时^⑧。夫唯不争，故无尤^⑨。

◎ **注释**　①〔上〕最上等的，最高等的，最好的。②〔利〕对……有利。③〔恶〕厌弃，讨厌。④〔几〕接近。⑤〔与〕与人交往、交际。⑥〔政〕为政，治理国家。⑦〔能〕才干，能力。⑧〔时〕时机，时节。⑨〔尤〕过失，弊病。

◎ **译文**　最高的境界就像水一样，水善于滋润万物却不与它们相争。如果能像水一样，总是处于众人所讨厌的低下位置，那就差不多接近"道"的本真了。就像水一样，安居在善的位置上，心灵是渊深、和善的，对外交往是仁爱、慈善的，言语是诚信、友善的，为政则治理得妥善，做事善于发挥特长，行动善于把握时机。正是因为不去争夺，所以才没有过失。

◎ **释疑解惑**

各家宗教、各家学说都是劝人向善的，那么，怎么样才叫作"善"？"善"的具体表征又是怎样的？老子给出了一个比较形象的回答："上善若水。"水的种种特质，生动诠释了"善"的特征。

◎ **成语探源**

上善若水：意思是"善的最高境界就像水的品性一样"。出自本章的第一句话。

第九章

持^①而盈之，不如其已^②。揣^③而锐^④之，不可长保。金玉^⑤满堂，莫之能守。富贵而骄，自遗其咎^⑥。功遂^⑦身退^⑧，天之道^⑨也。

◎ **注释**　①〔持〕坚持不懈，持之以恒。②〔已〕停止，休止。③〔揣〕捶击。④〔锐〕使……敏锐。⑤〔金玉〕黄金、白玉所做成的器具。⑥〔咎〕灾祸，祸患。⑦〔遂〕顺应心意，成功。⑧〔身退〕敛藏锋芒。也可理解为"抽身退去"。本书取前者。⑨〔道〕正道，正大光明的法则。

◎ **译文**　坚持不懈地追求圆满，不如早点停歇啊！捶击而使它锐利，不能够长久地保有啊！金玉的器具堆满了屋子，是很难守护住的啊。富贵而又骄横，不过是给自己留下祸患啊！功成名就，赶快敛藏锋芒，这是符合天地间正道的啊！

◎ **释疑解惑**

　圆满、富贵、功绩……都是一般人所孜孜以求的，然而老子在这里却一针见血地指出，如果汲汲于富贵，必然会走向衰亡，因为阳极则阴生、阴极则阳生，物极必反。所以，要懂得收敛，知足常乐，这才是符合天道的做法。当然，老子并不是反对追求富贵、功绩，而是提醒人们应适可而止，不要贪得无厌。

◎ **成语探源**

　1.金玉满堂：形容"财富极多或者学识丰富"。出自本章的"金玉满堂，莫之能守"。

　2.功成身退："功劳成就之后就引退"的意思。出自本章的"功遂身退，天之道也"。

　3.咎由自取：意思是"遭受责备、惩处或祸害是自己造成的"。出自本章的"富贵而骄，自遗其咎"。

第十章

载^①营魄^②抱一^③，能无离乎？专^④气致^⑤柔，能如婴儿乎？涤除玄^⑥览^⑦，能无疵乎？爱民治国，能无为乎？天门开阖^⑧，能为雌^⑨乎？明白四达，能无知^⑩乎？（生之畜之。生而不有，为而不恃，长而不宰，是谓"玄德"。^⑪）

◎ **注释** ①〔载〕发语词，用法同"夫"，无实际意义。②〔营魄〕即"魂魄"。"营"指精神，"魄"指体魄、身体。③〔抱一〕合抱在一起。④〔专〕心神专一。⑤〔致〕达到。⑥〔玄〕深邃。⑦〔览〕静览，静观。有学者认为，览应为"鉴"，意为"心镜"或者"心灵明澈如镜"，可备一说。⑧〔阖〕即"合"。⑨〔雌〕雌柔，清虚。⑩〔知〕智巧。王弼本作"为"；而河上公本及其他多种古本均作"知"，本书从之。⑪〔生之畜之。生而不有，为而不恃，长而不宰，是谓"玄德"。〕有的版本有此数句，疑是第五十一章错简重出，其具体释义、解读请参见第五十一章。

◎ **译文** 形体和精神高度合一，能够永不分离吗？让心神专一，以致气息柔和，能够如同婴儿一样吗？清涤、消除妄想，深邃地静观，能够没有任何瑕疵吗？爱护民众、治理国家，能够不刻意作为吗？与天地精神相往来的门户任意开合，能够守持虚静吗？智慧明明了了，四通八达，能够不用自己的智巧吗？

◎ **释疑解惑**

老子在本章中言简意赅地阐述了自己的认识论。主体的人应如何认识客观世界与客观规律？实际上，老子所述的"营魄抱一""专气致柔"与儒家所推崇的"知止而后有定，定而后能静，静而后能安"以及佛家所强调的"止"与"定"有相似之处；而"玄览""明白四达"与儒家所推崇的"安而后能虑、虑而后能得"以及佛家的"观""慧"有异曲同工之妙。儒、释、道三家别中有同，同中有别，在认识论方面有很强的一致性。

第十一章

　　三十辐①共一毂②，当其无，有车之用。埏③埴④以为器⑤，当其无，有器之用。凿户牖⑥以为室，当其无，有室之用。故有之以为利，无之以为用。

◎ **注释**　①〔辐〕车轮的辐条。②〔毂〕车轮中心的圆木，周围与车辐的一端相接，中有圆孔，用以插轴。③〔埏（shān）〕和泥。④〔埴（zhí）〕黏土。⑤〔器〕器具，陶器。⑥〔户牖（yǒu）〕门和窗。

◎ **译文**　三十根辐条汇聚到车轮轴心，正因为轴心是空洞的，所以才能发挥车辆的用途。用黏土制作陶器，正因为陶器中间是空洞的，所以才能发挥出器具的用途。开凿门窗建造房屋，正因为房屋有空间，所以才能发挥出居室的作用。因此，器物的存在是有益处的，而器物中空才能发挥作用。

◎ **释疑解惑**

　　本章从具体的事物出发，深入阐释"有"和"无"之间的辩证关系：如果车轮中间不是空的，就无法安上辐条，车子也就无法转动前进；如果器皿中间不是空虚的，就不能用来盛东西；如果房屋没有门窗和内部空间，人当然就无法居住。我们运用老子的这一观点观察身边的事物，可以发现，几乎所有"有形"的东西，都是靠其中"虚无"的部分来发挥作用。大到我们人类赖以生存的空间，小到我们穿的衣服，甚至我们书写用的纸张，无一不是如此。

第十二章

五色^①令人目盲，五音^②令人耳聋，五味^③令人口爽^④。驰骋^⑤畋^⑥猎，令人心发狂；难得之货，令人行妨^⑦。是以圣人为腹不为目，故去彼取此^⑧。

◎ **注释**　①〔五色〕青、黄、赤、白、黑五种颜色，泛指各种颜色。②〔五音〕宫、商、角、徵、羽五种音调，泛指各种声音。③〔五味〕酸、苦、甘、辛、咸五种味道，泛指各种味道。④〔爽〕意同"伤"，丧失。⑤〔驰骋〕骑马奔驰。⑥〔畋（tián）〕打猎。⑦〔妨〕受到伤害。⑧〔去彼取此〕去，舍去，舍弃；彼，指"为目"的生活；此，指"为腹"的生活。"去彼取此"即摒弃物欲的诱惑，持守安足的生活。

◎ **译文**　各种各样的颜色，让人眼花缭乱；各种各样的声音，让人耳朵失聪；各种各样的味道，让人舌不知味。纵马奔驰追逐猎物，让人心神发狂；稀有难得的货物，让人行为失常。所以，圣人只是要求填饱肚子而已，不放纵自己的感官，舍去种种欲望，安于温饱。

◎ **释疑解惑**

　　本章告诫人们不要一味追逐奢侈新奇，寻求感官刺激，那样对身心都会带来损害，只有平淡和简朴才能带来真正的幸福。当然，这里并不是反对人的正常欲望，也不反对不断提高生活水平，只是认为，过度追求物质享受，只能是心为物役，劳力伤神，其中并无幸福和快乐可言。世上可得的东西很多，不一定都据为己有；世上可求之事很繁，不一定都亲自去追求。对幸福的追求要建立在顺应自然和社会规律的基础之上，而不应违背规律，过于贪婪。

◎ **成语探源**

　　目迷五色：意思是"颜色又杂又多，使人眼花"，形容事物错综复杂，令人分辨不清。出自本章的"五色令人目盲"。

第十三章

宠辱若①惊，贵大患若身②。何谓宠辱若惊？宠为下③，得之若惊，失之若惊，是谓宠辱若惊。何谓贵大患若身？吾所以有大患者，为吾有身；及吾无身，吾有何患？故贵以身为天下，若④可寄天下；爱以身为天下，若可托天下。

◎ **注释**　①〔若〕好像。②〔贵大患若身〕贵，以……为贵，珍视；患，忧患。"贵大患若身"即重视身体一如重视大患。③〔下〕低下，卑下。④〔若〕如此，那么。

◎ **译文**　受宠和受辱都好像是受到惊吓一样，重视自己的身体如同重视祸患一样。什么叫作"受宠和受辱都好像是受到惊吓一样"？宠爱本来就是给予卑下人的，他们得到了宠爱好像是受到了惊吓，失去了宠爱也好像是受到了惊吓，这就是所谓的"受宠和受辱都好像是受到惊吓一样"。什么叫作"重视自己的身体如同重视祸患一样"？我之所以有极大的祸患，是因为我有这个娇贵的身体；等到我没有身体了，那么我还能有什么祸患呢？所以，如果一个人像珍惜自己的身体一样珍惜天下，那么就可以把天下委托给他；如果一个人像爱护自己的身体一样爱护天下，那么就可以把天下托付给他。

◎ **释疑解惑**

本章的主旨承接上一章而来。上一章谈到"有欲""有为"的害处，本章则指出，"有欲""有为"的根源就在于自己的身体。身体是最大的祸患，然而天下人却最为珍视它。要怎样才能做到没有祸患呢？就是要"没有身体"，或者说将身体置之度外。只有像珍视自己身体一样珍惜天下，才能担负起治理天下的重任。

◎ **成语探源**

1.宠辱不惊：意思是"受宠或者受辱都不为所动"，形容不以得失而动心。出自本章"宠辱若惊，贵大患若身"。

2.受宠若惊：意思是"受到过分的宠爱待遇而感到紧张不安"。出自本章"宠为下，得之若惊"。

第十四章

视之不见，名曰"夷"；听之不闻，名曰"希"；搏①之不得，名曰"微"。此三者，不可致诘②，故混而为一。其上不皦③，其下不昧④，绳绳⑤兮不可名，复归于无物。是谓为无状⑥之状，无物⑦之象⑧，是谓"惚恍"。迎⑨之不见其首，随之不见其后。执⑩古之道，以御⑪今之有。能知古始⑫，是谓道纪⑬。

◎ **注释**　①〔搏〕捕捉。②〔致诘〕追问，追究，探究。③〔皦〕同"皎"，洁白，明亮。④〔昧〕昏暗的。⑤〔绳绳〕形容连续不断、连绵不绝的样子。⑥〔状〕形状。⑦〔物〕物象，形象。⑧〔象〕形象。⑨〔迎〕迎向，迎望。⑩〔执〕执持，把握。⑪〔御〕驾驭。⑫〔始〕始由，缘由。⑬〔纪〕纲纪，纲领。

◎ **译文**　道是虚无不能看见的，所以叫作"夷"；道是不能听闻的，所以叫作"希"；道是不能抓住的，所以叫作"微"。这三种特征都是不能够加以深究和辨析的，所以混融成为一个整体。它的上面不是明亮的，它的下面也不是昏暗的。它虽然连绵不绝，却不能够命名，最终回归到清虚、空无的状态。这就叫作"没有形状的形状""没有形象的形象"，这就叫作"惚恍"。迎着它，不能够看见它的开始；追随它，不能够看见它的后背。把握亘古以来的这个"道"，为的是驾驭现在的万事万物。能够知道古往今来的缘由，这就叫作掌握了"道"的要领。

◎ **释疑解惑**

　　本章仍专注于"道"的特质。道是绝对的存在，也可以说是绝对的"有"。但道又有空无的特征。首先，"道"的空无特征表现为不可见、不可听、不可触。其次，"道"也无所谓明亮、无所谓昏暗。这些阐述是前面章节所未展开的。最后，本章对于"道"不可命名、不生不灭的特性又一次作了强调。

◎ **成语探源**

　　1.视而不见：意思是"尽管睁着眼睛看，却什么也看不见，指不重视或不注意"。出自本章的"视之不见，名曰'夷'"。

　　2.听而不闻：意思是"听到了却好像没有听到一样，比喻对某件事情漠不关心"。出自本章的"听之不闻，名曰'希'"。

第十五章

　　古之善为道^①者，微妙玄通，深不可识。夫惟不可识，故强为之容^②：豫^③兮，若冬涉川；犹^④兮，若畏四邻；俨^⑤兮，其若客；涣^⑥兮，其若凌^⑦释；敦^⑧兮，其若朴^⑨；旷^⑩兮，其若谷；混^⑪兮，其若浊；澹兮，其若海；飂（liú）兮，若无止。孰能浊以静之徐清？孰能安以动之徐生？保此道者不欲盈，夫唯不盈，故能蔽^⑫而新成。

◎ **注释**　①〔道〕王弼本作"士"，帛书乙本作"道"，本书取后者。②〔容〕形容，描绘。③〔豫〕犹豫、小心的样子。④〔犹〕犹豫、谨慎的样子。⑤〔俨〕俨然，端庄。⑥〔涣〕消散，松散；温和的样子。⑦〔凌〕寒冰。此句中，简本无"凌"字，据帛书本增补。⑧〔敦〕敦厚。⑨〔朴〕未经加工的木材。⑩〔旷〕开旷，开阔，豁达。⑪〔混〕混合，混同。⑫〔蔽〕通"敝"，敝旧，破旧。

◎ **译文**　古代善于行道的人，精微神妙、玄奥通达，是深不可测的。正是因为不能够认识，所以才勉强形容如下：小心谨慎，好像冬天过河一样；警觉留神，好像畏惧四方侵犯一样；端俨庄重，好像在外做客一样；和蔼可亲，好像严冰开始融解一样；敦厚诚恳，好像未经加工的木材一样；旷达豪迈，好像开阔的山谷一样；浑朴纯厚，好像清浊不分一样；宁静深沉，像浩瀚的大海；飘逸洒脱，像永无止境。谁能够在浑浊的状态下，静定下来，慢慢变得澄清呢？谁能在安宁的状态下，变动开来，慢慢地生出妙用呢？有道的人不会贪求满盈，正是因为不贪得无厌，所以看似保守，却能在原有的基础上取得新的成就。

◎ **释疑解惑**

　　遵循道的规律行事，身心修养达到极致的人即是有道之士。本章即对有道之士的种种样貌与特质予以描绘，而且都用贴切的比喻进行生动刻画。

◎ **成语探源**

　　1.涣然冰释：意思是"就像冰融化一样消散开来"，形容嫌隙、疑虑、误会等完全消除。出自本章的"涣兮，其若凌释"。

2.虚怀若谷：意思是"胸怀像山谷那样深而且宽广"，形容十分谦虚，有容人之量。出自本章的"旷兮，其若谷"。

第十六章

致^①虚^②极，守静笃^③。万物并作^④，吾以观复^⑤。夫物芸芸^⑥，各归其根。归根曰静，静曰复命。复命曰常，知常曰明。不知常，妄^⑦作凶。知常容，容乃公，公乃王^⑧，王乃天^⑨，天乃道，道乃久，没^⑩身不殆^⑪。

◎ **注释**　①〔致〕致力于。②〔虚〕清虚，没有丝毫杂质。③〔笃〕笃定，专心致志。④〔作〕生长，兴起。⑤〔复〕循环往复。⑥〔芸芸〕形容众多。⑦〔妄〕胡乱作为。⑧〔王（wàng）〕称王，指做王下之王，劳健、陈鼓应等认为"王"当作"全"，意为周遍、全面，也通。本书以王弼本为依据，仍作"王"。⑨〔天〕天地，宇宙。⑩〔没〕从始至终。⑪〔殆〕危险。

◎ **译文**　努力观察一切事物都是虚幻的，心神清虚，没有妄想，达到极致。固守清静的境界，一心一意。各种事物一齐蓬勃兴起，我观察他们"循环往复"的特质。如此繁多的事物，都是回归到他们的根源。回归到根源叫作"清静"。"清静"叫作"恢复生命的本来面目"。"恢复生命的本来面目"叫作"恒常"。知道"恒常"叫作"明了"。不知道"恒常"，就会妄为，做出凶险的事情。知道"恒常"就能够宽容。能够宽容，于是公正；一个人公正，于是可以做天下的君王；做天下的君王，于是他的行为符合宇宙的规律；行为符合宇宙的规律，于是契合"道"的本体，而"道"的本体是恒久的。这样的人，终生都不会遭遇危险。

◎ **释疑解惑**

"致虚极，守静笃"可谓一个人内在修养的核心，也就是"专气致柔"。这里"虚"不宜理解为"空虚"，解释为"虚广无际"更符合原意；而"静"也不是简单的"安静"，而应解释为清静无为，没有妄念。清静到极点，虚广到极点，那么就恢复到了"道"的本来状态，所以说"归根曰静"。而随后的一系列顶真句"静曰复命。复命曰常……天乃道，道乃久"与儒家所说的"格物、致知、诚意、正心、修身、齐家、治国、平天下"有异曲同工之妙，是对"内圣外王"的深入阐释。

◎ 成语探源

芸芸众生：意思是"一切有生命的东西"，一般也用来指众多的平常人。出自本章的"夫物芸芸，各归其根"。

第十七章

太^①上，不知有之；其次，亲而誉之；其次，畏之；其次，侮之。信^②不足焉，有不信^③焉。悠^④兮其贵^⑤言。功成事遂，百姓皆谓："我自然^⑥。"

◎ **注释** ①〔太〕极，最。②〔信〕诚信，威信。③〔信〕相信，信任。④〔悠〕悠闲的样子。⑤〔贵〕以……为贵，珍视。⑥〔自然〕自然而然，顺理成章。

◎ **译文** 最上等的君王，民众不知道有他的存在；次一等的君王，民众亲近、赞誉他；再次一等的君王，民众畏惧他；再次一等的君王，民众轻侮他。君王没有充分的威信，民众就不会信任他。君王悠然而珍重自己的指令，等到功业成就，事情遂愿时，老百姓都说："是我们自然而然、心甘情愿所取得的啊！"

第十八章

大道废^①，有仁义；智慧出，有大伪；六亲^②不和，有孝慈；国家昏乱，有忠臣。

◎ **注释**　①〔废〕衰败。②〔六亲〕一般指父、母、兄、弟、妻、子，也泛指各种亲属。

◎ **译文**　朴实的大道废坏了，才会有仁义道德的出现；智巧、聪慧显现了，才会有虚伪的产生；家庭和亲眷不和睦，才会有孝敬、慈爱的伦理；国政昏弱、混乱，才会有忠臣义士的涌现。

◎ **释疑解惑**

本章指出，所谓"仁义""智慧""孝慈""忠诚"等一般人所认为的美德，只不过是"硬币"的其中一面罢了，而与之对应的另一面其实就是丑恶的事物。"大道"与"仁义"，"智慧"与"大伪"，"六亲不和"与"孝慈"，"国家昏乱"与"忠诚"，实际是相反相成的关系，应当辩证看待。

第十九章

绝^①圣^②弃^③智，民利百倍；绝仁弃义，民复孝慈；绝巧弃利，盗贼无有。此三者以为文^④，不足，故令有所属^⑤：见^⑥素^⑦抱^⑧朴，少思寡^⑨欲。

◎ **注释**　①〔绝〕杜绝，阻绝。②〔圣〕圣言，圣训。③〔弃〕摒弃，抛弃。④〔文〕通"纹"，文饰，点缀。⑤〔属〕归属，从属。⑥〔见〕通"现"，显现，呈现。⑦〔素〕本色，白色。⑧〔抱〕抱持，秉持。⑨〔寡〕使……稀少，克制。

◎ **译文**　杜绝圣训，摒弃智慧，民众就可以获得百倍的利益；杜绝仁爱，摒弃忠义，民众就会恢复孝敬、慈爱的状态；杜绝巧诈，摒弃私利，盗贼就不会存在。这三者都不过是用来装饰门面的，用来治理天下是不够的。所以，要使百姓心有所归：呈现本色，秉持质朴；减少私心，克制欲望。

◎ **释疑解惑**

本章承接上一章，继续说明"无为"原则对于治理国家的重要意义。《老子》认为，"圣训""智慧""仁义"等，美则美矣，却违背了"无为"的原则，是"有为"，是需要摒弃的。当然，对于"有为"和"无为"应该理性看待，辩证分析，在现实生活中，应顺应客观规律，正确对待"智慧""仁义"等。

◎ **成语探源**

绝圣弃智：意思是"摒弃聪明智巧"。出自本章"绝圣弃智，民利百倍"。

第二十章

　　绝学无忧。唯①之与阿②，相去③几何④？善⑤之与恶，相去何若？人之所畏，不可不畏。荒⑥兮，其未央⑦哉！众人熙熙⑧，如享太牢⑨，如春登台。我独泊⑩兮，其未兆⑪，如婴儿之未孩。傫傫⑫兮，若无所归。众人皆有余，而我独若遗⑬。我愚人之心也哉！沌沌兮。俗人昭昭⑭，我独昏昏；俗人察察⑮，我独闷闷。（澹兮，其若海，飂兮，若无止⑯。）众人皆有以⑰，我独顽且鄙。我独异于人，而贵食母⑱。

◎ **注释**　①〔唯〕对上的恭敬声音。②〔阿〕对下的傲慢声音。③〔去〕相距，距离。④〔几何〕多少，多远。⑤〔善〕善良。傅奕本、简本作"美"，意为"美好"，也通。本书以王弼本为依据，仍作"善"。⑥〔荒〕广袤、浩瀚的样子。⑦〔央〕穷尽。⑧〔熙熙〕乐不可支、兴高采烈的样子。⑨〔太牢〕古代帝王祭祀时，牛、羊、豕三牲全备为"太牢"。⑩〔泊〕淡泊。⑪〔兆〕萌发，萌动。⑫〔傫（léi）傫〕孤孤单单的样子。⑬〔遗〕借作"匮"，匮缺，匮乏。⑭〔昭昭〕明明白白、清清楚楚的样子。⑮〔察察〕精于算计。⑯〔澹兮，其若海，飂兮，若无止〕有的版本有此数句，疑是第十五章错简重出，其具体释义、解读见第十五章。⑰〔有以〕有用武之地。⑱〔母〕母体，即万物的本源"道"。

◎ **译文**　杜绝学识、智巧，就可以没有忧愁。恭敬的"唯唯"声与傲慢的"阿阿"声，彼此之间的差距会有多少呢？善良与邪恶，相互之间的距离又有多少呢？人们所应当敬畏的，我不可以不敬畏啊！浩瀚的时空啊，没有尽头！众人狂热地追逐名利，乐不可支，如同享用盛筵一样，好似春天登台远望一般。唯独我淡泊名利，没有妄念萌动，就像婴儿还未长大一样；孤孤单单啊，好像没有归属一样。众人都有盈余啊，只有我好像是匮乏的。我是一个拥有愚笨之心的人啊，混混沌沌。世俗的人们都明明白白啊,唯独我昏昏沉沉。世俗的人们都精打细算啊,唯独我愚昧质朴。众人都有用武之地,唯独我愚顽而鄙陋。我与世人不一样,因为我注重探求"道"的真谛。

◎ 释疑解惑

本章重在描述遵循"道"的原则行事的有道之士的样貌。不过,同第十五章的正面描述相比,本章有意用了许多反语,如"愚人""沌沌""昏昏"等,以同世俗之人的形象区别开来。通过这样的对比,一位遗世而独立的有道之士的形象呼之欲出。

此外,老子还指出,在追求真善美时要把握好度,过犹不及。因为任何事物都具有向相反方向发展的趋势。真理和谬误往往只有一步之遥,稍有不慎,真、善、美就会变成假、恶、丑。所以要顺应客观规律,把握好"适度"原则。

◎ 成语探源

相差无几:意思是"彼此之间的差别没有多少"。出自本章的"唯之与阿,相去几何?善之与恶,相去何若?"

第二十一章

孔^①德之容^②，惟^③道是从。道之为物，惟^④恍惟惚。惚兮恍兮，其中有象；恍兮惚兮，其中有物。窈^⑤兮冥^⑥兮，其中有精；其精甚真，其中有信^⑦。自古及今^⑧，其名不去，以阅众甫^⑨。吾何以知众甫之状哉？以此^⑩。

◎ **注释**　①〔孔〕大，伟大。②〔容〕容貌，形态。③〔惟〕唯有，只是。④〔惟〕虚词，没有实际意义。⑤〔窈〕窈深，幽深。⑥〔冥〕昏暗，隐隐约约。⑦〔信〕信验。⑧〔自古及今〕从古到今。帛书甲、乙本及傅奕本作"自今及古"，也通。为便于理解，本书以通行本为据，仍作"自古及今"。⑨〔甫〕开始，发端。⑩〔以此〕依靠它。

◎ **译文**　伟大德行的形态一定是遵从"道"的本质的。"道"这个事物，恍恍惚惚，若有若无。恍恍惚惚，其中有形象；若有若无，其中有实物。幽深隐约，其中有精华；这个精华非常真切，可以得到验证。从古至今，它的名称不能够去除，根据它可以认识万物的发端。我如何能够知道万物的情状呢？就是依靠它啊！

◎ **释疑解惑**

《道德经》煌煌五千言，无非讲述"道"与"德"两样事情。所谓"德"，就是指人的品德、行为，它是要遵从于"道"的。本章开头对此轻轻一点，随后又转而论述"道"的特质。因为"道"是万物生发的源头，只有准确把握了"道"，才能够了解万事万物的情状。

◎ **成语探源**

恍恍惚惚：意思是"模模糊糊，不易捉摸；隐隐约约，不可辨认"。出自本章的"道之为物，惟恍惟惚"。

第二十二章

曲①则全，枉②则直，洼则盈，敝则新，少则得，多则惑。是以圣人抱一③为天下式④。不自见⑤，故明；不自是⑥，故彰⑦；不自伐⑧，故有功；不自矜⑨，故长。夫唯不争，故天下莫能与之争。古之所谓"曲则全"者，岂虚言哉？诚全⑩而归之。

◎ **注释**　①〔曲〕弯曲的。②〔枉〕屈曲的。③〔一〕此处指万物的本源"道"。④〔式〕法式，准则。⑤〔自见〕自我表现。⑥〔自是〕自以为是。⑦〔彰〕彰显，显赫。⑧〔伐〕自夸。⑨〔矜〕自大，骄傲。⑩〔全〕成全，成功。

◎ **译文**　弯曲才能够保全，屈就才能够伸张，低洼才能够盈满，陈旧才能够翻新，少取才能够获得，繁多就容易迷惑。因此，圣人抱定"道"为天下的准则。不自我表现，所以能够彰明；不自以为是，所以能够彰显；不自吹自擂，所以能显现其功劳；不矜持自负，所以能够长久。正是因为不去争夺，所以天下没有人能够与他相争。古人所说的"弯曲才能够保全"难道是空话吗？确实能够使人获得圆满成功。

◎ **释疑解惑**

　　品德、行为既然要遵循"道"的规律，那么这个规律到底是怎么样的呢？其实就是第四十章所说的"弱者，道之用；反者，道之动"。即是说，要想"全""直""盈""新""得"，就必须要把握它们的对立面，即"曲""枉""洼""弊""少"。这也就是"无为"原则的体现，不能"有为"，不能固守己见、自以为是、自吹自擂、争抢掠夺……

◎ **成语探源**

　　委曲求全：指"勉强迁就，以求保全；为顾全大局而暂时忍让"。出自本章的"曲则全"。

第二十三章

希^①言自然。飘^②风不终^③朝，骤雨不终日。孰为此者？天地。天地尚不能久，而况于人乎？故从事^④于道者，同于道；德者，同于德；失者，同于失。同于道者，道亦乐得之；同于德者，德亦乐得之；同于失者，失亦乐得之。信不足焉，有不信焉^⑤。

◎ **注释**　①〔希〕稀少，使……稀少。②〔飘〕迅疾的。③〔终〕整个的，从头到尾的。④〔从事〕遵从而行事。⑤〔信不足焉，有不信焉〕前一个"信"指信心，后一个"信"指相信。这两句已见于第十七章，马叙伦、陈鼓应均认为是错简重出，帛书甲、乙本亦无此二句。卢育三则根据本章文义，认为"有此一句，亦可说通"。本书从其说，保留这两句，而释义与第十七章有所不同。

◎ **译文**　少发言论，是符合自然规律的。狂风不能够持续一个早晨，暴雨不能够持续一个白天。狂风暴雨是谁造成的呢？是天地。天地尚且不能够做到持久，何况是人呢？所以，遵从"道"的准则的人，就与"道"相契合；遵从功德的准则的人，就与功德相契合；丢失准则的人，就会丢失所有。与"道"相契合的人，"道"也乐于贴近他；与功德相契合的人，功德也乐于贴近他；与失败相契合的人，失败也乐于贴近他。对于"道"信心不足的人，才不相信"道"的这些规律。

◎ **释疑解惑**

"道"的规律是一以贯之、一成不变的，可以通过观察天地的运行法则而加以把握，并将其运用于生活实践。套用老子的句式，或者可以这么说：执"天"之道，以御"人"之有。天道、人道原是一个，是谓"天人合一"。在自然界，狂风暴雨都不会长久。所以本章认为，趋吉避凶的最好办法就是什么事情都不要做过头，凡事留有余地，才不会遭受灾祸。

◎ **成语探源**

暴风骤雨：指的是"来势迅急而猛烈的狂风和暴雨"，比喻声势浩大、发展迅猛的群众运动。出自本章的"飘风不终朝，骤雨不终日"。

第二十四章

　　企^①者不立，跨^②者不行，自见者不明，自是者不彰，自伐者无功，自矜者不长。其在道也，曰：余^③食赘^④形。物或恶^⑤之，故有道者不处^⑥。

◎ **注释**　①〔企〕踮脚。②〔跨〕跨步走，阔步走。③〔余〕剩余的。④〔赘〕多余而没有用处的。⑤〔恶〕讨厌，厌恶。⑥〔处〕处事，行为。

◎ **译文**　踮脚的人不能长久站立，跨步走的人不能远行。自我表现的人不能明了，自以为是的人判别不清，自吹自擂的人不能有功，矜持自负的人不能长久。从"道"的准则来看，以上种种表现可以说都是剩饭和赘瘤，会遭到他人的厌恶。所以按"道"的准则处事的人，不会这样做。

◎ **释疑解惑**

　　本章论述可类比于第二十二章的后段，告诫人们切不可自以为是、刚愎自用，而应当顺应"道"的准则。本章讽刺那些"企者""跨者""自伐者""自矜者"，因为这些人的行为有悖于循序渐进和"为而不恃"的天道，当然于人于己都是不利的，为有道者所不齿。所以，只有用大道来规范每个人的言行，整个社会才能安定和谐，真正意义上的真善美才会变为现实。

第二十五章

有物混①成，先天地生。寂②兮寥③兮，独立而不改，周行而不殆④，可以为天下母。吾不知其名，强⑤字⑥之曰道，强为之名曰大。大曰逝⑦，逝曰远，远曰反⑧。故道大，天大，地大，人亦大。域⑨中有四大，而人居其一焉。人法⑩地，地法天，天法道，道法自然。

◎ **注释** ①〔混〕混同、浑然的样子。②〔寂〕寂静，清静而无声。③〔寥〕空虚，无形无色。④〔殆〕怠倦，疲倦。⑤〔强〕勉强地。⑥〔字〕起名字，命名。⑦〔逝〕没有边际。⑧〔反〕同"返"，回返。⑨〔域〕疆域，宇宙。⑩〔法〕效法。

◎ **译文** 有一个东西浑然一体，在天地生成之前就已经存在了。既清静无声又无形体，独自挺立，没有任何改变；运行到天地之间的任何地方，却永远不会怠倦，它可以称为天下的本原。我不知道它的名号，勉强给它起了个名字，叫作"道"。再勉强为它命名，叫作"宏大"。"宏大"即是"无边无际"，"无边无际"即是"悠远"，"悠远"即是"回返"。所以，"道"是宏大的，天是宏大的，地是宏大的，人也是宏大的。宇宙之中有四样宏大的事物，人是其中之一啊！人应当效法大地的准则，大地效法苍天的准则，苍天效法"道"的准则，而"道"效法自然的准则。

◎ **释疑解惑**

本章可视为论述"道"的特质和规律的总纲，其中要点皆散见于其他章节。"强为之名曰大"之前是论述"道"的特质，"大曰逝"之后是论述"道"的规律。

◎ **成语探源**

天大地大：形容"非常大，极大"。出自本章的"故道大，天大，地大，人亦大"。

第二十六章

重为轻根①，静为躁君②。是以君子终日行不离辎重③。虽有荣观④，燕⑤处超然。奈何万乘⑥之主，而以身轻⑦天下？轻则失根，躁则失君。

◎ **注释**　①〔根〕根本，根基。②〔君〕君主，主宰。③〔辎重〕行军时由殿后的运输部队所搬运的物资，也指外出的人所携带的包裹、行李。④〔荣观〕华美的台观、宫阙。⑤〔燕〕安然。⑥〔乘〕古代的兵车，四马一车为一乘。⑦〔轻〕轻浮地看待。

◎ **译文**　"稳重"是"轻率"的根基，"清静"是"浮躁"的主宰。所以君子出行，不会离弃殿后的重要物资。虽然拥有华美的宫阙，却能安然自处。为什么一个可以出动上万辆兵车的大国君主，会轻浮地看待天下呢？轻浮就会失去根基，浮躁就会丧失主宰。

◎ **释疑解惑**

对于"重"与"轻"，"静"与"躁"两对矛盾体来说，"重"与"静"是需要重视的，否则就会误身，甚至乱国，造成非常严重的后果。所以本章强调修身应该遵循稳重和清静的原则，反对轻浮和狂躁。

第二十七章

善行无辙①迹，善言无瑕谪②，善数不用筹策③，善闭无关楗④而不可开，善结⑤无绳约⑥而不可解。是以圣人常善救人，故无弃人；常善救物，故无弃物。是谓袭明⑦。故善人者，不善人之师；不善人者，善人之资⑧。不贵其师，不爱其资，虽智大迷。是谓要⑨妙。

◎ **注释** ①〔辙〕车辙，车轮。②〔谪〕缺点，过失。③〔筹策〕古代用来计数的工具。④〔关楗〕指门闩。门上关插的使门无法打开的木条，横的叫"关"，竖的叫"楗"。⑤〔结〕捆绑。⑥〔约〕绳子。⑦〔袭明〕真正的聪明。⑧〔资〕借鉴，也指教导的对象，即学生。⑨〔要〕重要的，要紧的。

◎ **译文** 善于行进的，没有车轮的印迹；善于言谈的，没有任何的瑕疵；善于计数的，不使用算筹；善于闭门的，不使用门闩别人也打不开；善于捆绑的，不使用绳索别人也无法解脱。所以，圣人总是善于救助他人，从而没有被遗弃的人；圣人总是善于救助万物，从而没有被遗弃的事物。这就叫作"真正的聪明"。所以，善于行事的人是不善于行事的人的老师，不善于行事的人可以作为善于行事的人的学生。不珍视自己的老师，不注重借鉴他人的经验，即使看起来有智慧，实际上也是极其迷糊的。这就是精要深奥的道理。

◎ **释疑解惑**

如何才能做到"善行""善言""善计""善闭""善结"？事实上，要做到以上几个方面还是要贯彻"无为"的原则。老子一向主张阴盛阳、牝胜牡、静胜动、柔胜刚。他认为，沉着冷静，是每个成功者必备的心理素质，所以不论做任何事情，都要顺应客观规律，镇定自若，不急不躁。

第二十八章

知其雄^①，守其雌^②，为天下谿^③。为天下谿，常德不离，复归于婴儿。知其白^④，（守其黑，为天下式。为天下式，常德不忒，复归于无极。知其荣，^⑤）守其辱，为天下谷。为天下谷，常德乃足，复归于朴^⑥。朴散^⑦则为器。圣人用之则为官长，故大制^⑧不割^⑨。

◎ **注释**　①〔雄〕雄伟，雄壮。②〔雌〕雌弱，柔弱。③〔谿〕同"蹊"，蹊径。④〔白〕清白。⑤〔守其黑，为天下式。为天下式，常德不忒，复归于无极。知其荣〕高亨、陈鼓应等学者均认为这六句为"后人所加"，当删，本书从之，不再保留相应译文。⑥〔朴〕未经加工的木材，原木。也指质朴。⑦〔散〕分散，破散。⑧〔制〕管理。⑨〔割〕人为地分割，割裂而不自然；也可理解为"伤害"。本书译文取前者。

◎ **译文**　知晓自己的雄伟，却持守柔弱，成为天下所遵循的蹊径。成为天下的蹊径，那么恒常的功德就不会离开，又回归婴儿的状态。知晓自己的清白，却持守屈辱，成为天下归流的深谷。成为天下的深谷，那么恒常的功德就会充足，又回归完美质朴的状态。原木破散而制成各种器具。圣人利用这些东西，就可以成为百官之长。所以，最高明的管理方式是顺应自然的，而不是割裂开来。

◎ **释疑解惑**

矛盾体中总是有"强"的一面，又有"弱"的一面。本章告诫读者要守持其中"弱"的一面："雌""辱"……这也就是第四十章所说的"弱者，道之用"。只有正确把握矛盾体中"柔弱"一面的作用，才能无往而不利。

◎ **成语探源**

知白守黑：意思是"对于是非曲直虽然明白，但是保持糊涂、昏昧的样子"。也用在绘画中，指绘画空间结构不只要留意实处（黑），更要留意虚处（白）。虚实隐现，黑白相映，才能取得更好的审美效果。知白守黑是中国书画深化意境内涵的重要法则。出自本章的"知其白，守其辱"。

第二十九章

　　将欲取天下而为之，吾见其不得已^①。天下神器，不可为也，不可执也^②。为者败之，执^③者失之。是以圣人无为，故无败；无执，故无失。夫物或行或随^④，或歔^⑤或吹^⑥，或强或羸^⑦，或载^⑧或隳^⑨。是以圣人去甚^⑩，去奢，去泰^⑪。

◎ **注释**　①〔已〕完毕、完成。②〔不可执也〕王弼本原缺这一句，此处根据刘师培的说法增补。③〔执〕执持，把持。④〔或行或随〕有的在前，有的在后。⑤〔歔（xū）〕出气急促的样子。⑥〔吹〕出气缓和的样子。⑦〔羸（léi）〕瘦弱，羸弱。⑧〔载（zài）〕成就。⑨〔隳（huī）〕毁坏，破坏。⑩〔甚〕偏激，极端。⑪〔泰〕骄纵，过分。

◎ **译文**　希望取得天下，从而刻意地作为，我认为这是无法取得成功的。天下是一个神圣的器物，不是刻意作为所能获得的，不是刻意把持所能拥有的。刻意作为的人必然失败，把持天下而不放手的人必然会失去它。所以，圣人不刻意作为，就不会失败；不刻意地把持，也就不会失去。万事万物有各种各样的形态：有的在前，有的在后；有的缓慢，有的急促；有的强大，有的羸弱；有的自我成就，有的自我毁坏。所以，圣人去除极端，去除铺张，去除放纵。

◎ **成语探源**

　　去甚去泰：亦作"去泰去甚"，意思是"做事情不要太出格，太过分"。出自本章的"是以圣人去甚，去奢，去泰"。

第三十章

以道佐①人主者，不以兵强天下。其事好还②。师之所处，荆棘生焉。大军之后，必有凶年。善有果③而已，不敢以取强。果而勿矜，果而勿伐④，果而勿骄，果而不得已，果而勿强。物壮则老⑤，是谓不道，不道早已⑥。

◎ **注释**　①〔佐〕辅佐。②〔还〕偿还，回报。③〔果〕取得结果，达到目的。④〔伐〕自夸，吹嘘。⑤〔老〕衰老，衰败。⑥〔已〕完毕，终结。

◎ **译文**　用"道"的准则来辅佐君主的人，不靠战争来称霸天下。用兵这件事一定会得到"回报"。大军所到之处，荆棘丛生。大战过去之后，必是荒年。善于用兵的人只求取胜利罢了，不敢凭借武力来逞强。达到目的也不骄横，达到目的也不吹嘘，达到目的也不傲慢，达到目的也是不得不如此，达到目的也不恃强凌人。事物过于强壮了，就会衰败，这是不符合"道"的准则的。不符合"道"的准则，就会提早终结。

◎ **释疑解惑**

　　战争乃是"有为"之甚，是"有为"的极端状态，故老子切切诫之。老子强调，应顺从"道"的原则，而不是靠武力威慑他人，即使迫不得已而动武，也要竭力避免"强""矜""伐""骄"，否则"物壮则老""不道早已"，违背"道"的原则必然会迅速败亡。

◎ **成语探源**

　　天道好还：意思是"天道循环，报应不爽。苍天可以主持公道，善恶自有回报"。出自本章的"其事好还"。

第三十一章

夫兵者，不祥之器，物或恶^①之，故有道者不处^②。君子居^③则贵左，用兵则贵右。兵者不祥之器，非君子之器，不得已而用之，恬淡为上。胜而不美^④，而美之者，是乐^⑤杀人。夫乐杀人者，则不可得志于天下矣。吉事尚^⑥左，凶事^⑦尚右。偏将军居左，上将军居右，言以丧礼处^⑧之。杀人众，以悲哀泣之；战胜，以丧礼处之。

◎ **注释** ①〔恶〕厌恶，讨厌。②〔处〕与……相处，接纳。③〔居〕日常起居。④〔美〕以……为美。⑤〔乐〕以……为乐。⑥〔尚〕以……为尚，崇尚。⑦〔凶事〕丧葬之事。⑧〔处〕处置，安排。

◎ **译文** 战争是不祥的事物，会受到人们的厌恶，因此有道的人不会接纳它。在日常生活中，君子把左侧看作是尊贵的；在用兵的时候，则以右为尊。军队和战争是不吉祥的事物，不是君子所用的器物，要在迫不得已的时候才使用它们。即使使用，也最好是淡然处之。即使仗打胜了，也不要认为是美好的；否则，就是喜欢杀人。喜欢杀人的人，是不可能在天下实现自己的抱负的。按照日常的礼仪，喜事以左边为上，丧事以右边为上。用兵打仗的时候，副将在左侧，主将在右侧，即是说用兵打仗是以丧葬的礼仪来安排的。杀人很多，应当怀着悲哀的心情哭泣；战争胜利以后，应当以丧葬的礼仪处理。

◎ **释疑解惑**

本章继续阐发战争思想。如前文所述，战争是有为之甚，《道德经》切切诫之，所以本章又连说两次"兵者，不祥之器"。对于战争，即使迫不得已而用之，也一定要以悲哀的心态来对待，按丧葬的礼仪来安排。

◎ **成语探源**

佳兵不祥：意思是"用兵之事都是不吉利的"。出自本章的"夫兵者，不祥之器"。

第三十二章

　　道常无名，朴。虽小，天下莫能臣①。侯王若能守之，万物将自宾②。天地相合③以降甘露，民莫之令而自均④。始制⑤有名，名亦既有，夫亦将知止。知止，可以不殆⑥。譬⑦道之在天下，犹川谷之于江海。

◎ **注释**　①〔臣〕以……为臣，使……臣服。②〔宾〕宾服，服从。③〔合〕交合，相合。④〔均〕均匀，均衡。⑤〔制〕制作，出现。⑥〔殆〕危险。⑦〔譬〕譬喻。

◎ **译文**　"道"是恒常的，没有名字，如同未经加工的原木，处于质朴的状态。虽然藐小，天下却没有任何事物可以让它臣服。侯王如果能够守持"道"的准则，万事万物将会主动归服。天与地上下和合，从而降下甘露；没有人下达命令，却是那样均匀。万物一旦出现就有了名字，有了名字就应当知道行事的限度。知道行事的限度，就不会有危险。"道"与天下的关系，可以譬喻为大江、大海与河川、溪谷的关系。

◎ **释疑解惑**

　　本章论述"道"与万物之间的具体关系。相对于"道"，万物是"臣"，是"宾"；而相对于万物，"道"自然就是"君"，是"主"。本来"道"清静空虚、自然而然，一经"有为"，各种具体的事物就兴起了。本章指出，在这种情况下，应该懂得适可而止，遵循相应的规范。

第三十三章

知人者智①，自知者明②。胜人者有力，自胜者强。知足者富，强行者有志。不失其所③者久，死而不亡④者寿。

◎ **注释**　①〔智〕有才智。②〔明〕聪明，英明。③〔所〕所在，根本。④〔亡〕消亡。

◎ **译文**　知悉他人的人有才智，知悉自己的人才称得上聪明。战胜他人的人有力量，战胜自己的人才称得上强大。知道满足的人有财富，努力前行的人有志气。不迷失自己根基的人能够长久，身体死亡而道业仍在的人才算长寿。

◎ **释疑解惑**

本章论述个人身心修养的一些重要原则。老子既主张有自知之明，又主张有知人之智，只有两者兼备，才能作出正确的判断，立于不败之地。孙子受老子思想的启示，提出了军事斗争中"知彼知己，百战不殆"的著名论断。另外，本章还提出了一个身心修养的重要原则，也就是"反观，自求"。只有这样，才能够"不失其所""死而不亡"。

◎ **成语探源**

自知之明：指"清楚地了解自己（多指缺点）的能力"。出自本章的"自知者明"。

第三十四章

大道氾^①兮，其可左右。万物恃^②之以生而不辞^③，功成而不有^④。衣养^⑤万物而不为主，常无欲，可名于小；万物归焉而不为主，可名为大。以其终不自为大，故能成其大。

◎ **注释** ①〔氾〕同"泛"，泛滥。②〔恃〕凭恃，依赖。③〔辞〕推辞，推脱。④〔有〕拥有，占有。⑤〔衣养〕养育。

◎ **译文** 宏大的"道"如同洪水一样流布四方，可左可右。万物依仗它而生成，它不会推辞；功业成就，它却不会占有。它养育了万物，却不做主宰。它永远没有欲求，可以称为"渺小"；万物都归依于它，它却不做主宰，可以称为"宏大"。由于它始终不自以为宏大，所以才能够成就自身的宏大。

◎ **释疑解惑**

本章指出，"道"虽然是万物的源头与主导，但始终不会有一丝一毫"为主""为大"的意思，也正因此"无为"，它才是真正的主宰，真正能称得上宏大。"无为之为"就是利而不害、为而不争，不挟私，不占有，坦然而行，多予少取。老子的无为法则根源于天覆地载之大度，效法于天地生而不有之厚德，不仅睿智，而且向善，尤其值得我们敬仰和遵循。

第三十五章

执大象^①，天下往^②。往而不害，安^③平泰^④。乐与饵^⑤，过客止。道之出口，淡乎其无味，视之不足见，听之不足闻，用之不足既^⑥。

◎ **注释**　①〔大象〕大道之象。②〔往〕前往。③〔安〕乃，于是。④〔平泰〕平和而安泰。⑤〔饵〕食物，美食。⑥〔既〕穷尽，竭尽。

◎ **译文**　把握住宏大的"道"的形象，天下人都会前往归顺。前往而且不会有损害，就可以平和而安泰。音乐与美食，可以吸引路过的人暂时停住脚步。"道"讲出来却是这样的：它寡淡而没有味道，看它看不见，听它听不到，用它却没有穷尽。

◎ **释疑解惑**

本章论述道的体与用。

道无形无相、无声无响、无滋无味，却有着源源不绝的功用。把握、遵循道的规律，是一个人安身立命、"平和安泰"的根本所在，所以要特别留心，不要受到"乐""饵"外物的干扰与诱惑。

◎ **成语探源**

淡而无味：意思是"食物淡，没有滋味"，比喻事物平淡，不能引起人的兴趣。出自本章的"淡乎其无味"。

第三十六章

　　将欲歙①之，必固张②之；将欲弱之，必固强之；将欲废之，必固兴之；将欲取③之，必固与④之。是谓微明⑤。柔弱胜刚强。鱼不可脱于渊，国之利器⑥不可以示⑦人。

◎ **注释**　①〔歙（xī）〕闭合，收敛。②〔张〕伸张，张开。③〔取〕夺取。也作"夺"，意义相同。本书参照范应元本、彭耜本等，改作"取"。④〔与〕给予。⑤〔微明〕事物发展变化的机理、奥妙以及预先的征兆。⑥〔利器〕锋利的器具，武器。⑦〔示〕出示。

◎ **译文**　想要让它收敛，一定要先扩张它；想要削弱它，一定要先增强它；想要废除它，一定要先兴举它；想要夺取它，一定要先给予它。这就是事物发展变化的机妙和征兆，这就是"柔弱战胜刚强"的道理。正像鱼儿不能脱离深渊一样，国家的权谋、军备等"锋利武器"也不能展示给别人看。

◎ **释疑解惑**

　　如何具体运用第四十章所述的"反者，道之动"的原则？本章给出了具体的实例。要想实现歙之、弱之、废之、取之，就要从其反面着手：张之、强之、兴之、与之。

◎ **成语探源**

　　将夺固与：意思是"要想夺取，一定要先给予"。出自本章的"将欲取之，必固与之"。

第三十七章

　　道常无为而无不为，侯王若能守之，万物将自化①。化而欲作②，吾将镇③之以无名之朴。镇之以无名之朴，夫将不欲④。不欲以静，天下将自正⑤。

◎ **注释**　①〔化〕受到感化。②〔欲作〕产生私欲。③〔镇〕使……安定。④〔欲〕欲望，私欲。⑤〔正〕归于正道。

◎ **译文**　"道"永远顺应自然，不刻意作为，然而没有什么事情是无法做成的。侯王如果能够恪守这一准则，万物将会自行受到感化。感化的时间久了，又产生私欲，我仍会用没有名字的、如同未经加工的原木一般的"道"的法则来使之安定。这样的话，就不会有作乱的私欲了。没有了这种私欲，就会安静下来，天下将会自行归于正道。

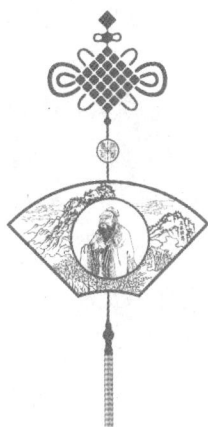

下篇

漢唐書局

第三十八章

上德①不德，是以有德；下德不失②德，是以无德。上德无为而无以为③；下德为之而有以为。上仁为之而无以为；上义为之而有以为。上礼为之而莫之应，则攘④臂而扔⑤之。故失⑥道而后德，失德而后仁，失仁而后义，失义而后礼。夫礼者，忠信之薄⑦而乱之首。前识⑧者，道之华⑨而愚之始。是以大丈夫处其厚⑩，不居其薄⑪；处其实，不居其华。故去彼取此。

◎ **注释** ①〔德〕功德，德行。②〔失〕忘失。③〔无以为〕不执着于所作所为。④〔攘（rǎng）〕伸出。⑤〔扔〕拉扯，拉拽。⑥〔失〕失去，失掉。⑦〔薄〕浅薄。⑧〔前识〕预先的认识，先见之明。⑨〔华〕表面的浮华。⑩〔厚〕敦厚。⑪〔薄〕浅薄，浇薄。

◎ **译文** 上等的功德不认为有功德，所以有功德；下等的功德不忘失功德，所以没有功德。上等的功德不刻意作为，不执着于所作所为；下等的功德有意作为，执着于所作所为。上等的仁爱有意作为，不执着于所作所为；上等的忠义有意作为，执着于所作所为。上等的礼节有意作为，却得不到回应，于是伸出手臂拉拽。所以，失去了“道”的准则以后，才开始遵行功德的准则；失去了功德的准则以后，才开始遵行仁爱的准则；失去了仁爱的准则以后，才开始遵行忠义的准则；失去了忠义的准则以后，才开始遵行礼节的准则。所谓的礼节，是忠诚、信用的浅薄表达，是变乱的开端啊！先见之明等类的智巧，属于“道”的浮华表象，是愚昧的开端啊！所以，大丈夫立身于敦厚，而不是居于浅薄；立身于笃实，而不是居于浮华。所以舍弃后者，选择前者。

◎ 释疑解惑

一般来说，人们将《道德经》前三十七章称为上篇，以论"道"为主，称为《道经》；而将三十八章以后称为下篇，以述"德"为要，称为《德经》。"道"是形而上的本体及其衍化规律，而"德"则是形而下的行为、德行。至于"德"与"道"的关系，第二十一章已经说得很明白："孔德之容，惟道是从"。万物本原原本清净、空虚、自然、无为，却因妄动，才衍生出形而下的万事万物；衍化愈来愈纷繁，才相继有了德、仁、义、礼，它们是辗转次之的。

第三十九章

昔之得一^①者：天得一以清，地得一以宁，神得一以灵，谷得一以盈，万物得一以生，侯王得一以为天下正^②。其致之也^③，天无以清，将恐裂；地无以宁，将恐废^④；神无以灵，将恐歇^⑤；谷无以盈，将恐竭；万物无以生，将恐灭；侯王无以正，将恐蹶^⑥。故贵以贱为本，高以下为基。是以侯王自称孤、寡、不穀^⑦，此非以贱为本耶？非乎？故至誉无誉。是故不欲琭琭^⑧如玉，珞珞^⑨如石。

◎ **注释**　①〔一〕即"道"。②〔正〕安定。③〔其致之也〕推而言之。④〔废〕王弼本作"发"，据严灵峰之说改正。⑤〔歇〕停歇，休止。⑥〔蹶（jué）〕跌倒，倒台。⑦〔孤、寡、不穀（gǔ）〕都是王侯的谦称。"不穀"有不善的意思。⑧〔琭（lù）琭〕玉有光泽的样子。⑨〔珞（luò）珞〕形容石头坚硬。

◎ **译文**　昔日得道的情形是这样的：苍天得道，就会清朗；大地得道，就会安宁；神明得道，就会灵妙；山谷得道，就会充盈；万物得道，就会生发；诸侯、君王得道，就可以使天下安定。推而言之，苍天不能清朗，恐怕就会崩裂；大地不能安宁，恐怕就会震动；神明不能灵验，恐怕就会休止；山谷不能充盈，恐怕就会枯竭；万物不能生发，恐怕就会灭绝；侯王不能保持清静，恐怕就要被颠覆。所以，尊贵是以卑贱为根本的，崇高是以低下为基础的。所以，诸侯、君王称呼自己是"孤家""寡人""不穀"，这不是把卑贱作为根本吗？难道不是吗？所以，至高的荣誉是没有荣誉。因此，不要像华丽的美玉一样，而要如坚硬的石块一般。

◎ **释疑解惑**

既然"孔德之容，惟道是从"，那么把握形而上的"道"及其规律，就是成败与否的关键所在，这对于天、地、神、谷、万物、侯王来说，莫不如此。把握"道"的规律，是万事万物都要遵循的法则。

第四十章

反①者，道之动②；弱③者，道之用④。天下万物生于有，有生于无。

◎ **注释**　①〔反〕同"返"，循环往复。②〔动〕运动（所遵循的规律）。③〔弱〕柔弱，柔和。④〔用〕发挥作用（所依循的机理）。

◎ **译文**　循环往复是"道"的运动规律，柔弱谦下是"道"发挥作用的机制。天下的事物产生于"存在"，"存在"产生于"虚无"的大道。

◎ **释疑解惑**

　　"道"的运行规律到底是什么？本章的阐释可谓提纲挈领，既简明扼要，又振聋发聩，实在是字字千钧！其核心就在于两个字："弱"和"反"。其他章节的发挥都与本章所阐述的原则有关，这在相应的"释疑解惑"中也都有相应说明。老子提出的"弱者道之用""柔弱胜刚强"等独特论断，不仅大大拓宽和加深了人们对事物本质的认识，而且对于人们的处世行为具有非常现实的指导意义。毫无疑问，每个人都有可能处在"弱势"的位置上。如何以弱胜强，在弱势中取得发展，迎来转机，是每个人都要面对的重大问题。老子揭示了"反者，道之动；弱者，道之用"的道理，正是提醒人们顺应客观规律，正确认识和发挥"反"和"弱"的作用，从而立于不败之地。

◎ **成语探源**

　　无中生有："本来没有却说有"的意思，比喻"毫无事实根据地凭空捏造"。出自本章的"天下万物生于有，有生于无"。

第四十一章

上士闻道，勤而行①之；中士闻道，若存若亡②；下士闻道，大笑之。不笑，不足以为道！故建言③有之：明道若昧④，进道若退，夷⑤道若颣⑥，上德若谷，广德若不足，建⑦德若偷⑧，质真若渝。大白若辱⑨，大方无隅⑩，大器晚成，大音希⑪声，大象无形。道隐无名。夫惟道，善贷⑫且成。

◎ **注释**　①〔行〕践行。②〔亡〕通"忘"，忘记。③〔建言〕发表言论，著书立说。④〔昧〕昏昧，昏暗。⑤〔夷〕平坦的。⑥〔颣（lèi）〕不平的，崎岖的。⑦〔建〕通"健"，刚健的。⑧〔偷〕苟且。⑨〔辱〕污浊的。⑩〔隅（yú）〕边角、棱角。⑪〔希〕无声的。⑫〔贷〕帮助。

◎ **译文**　上等人士听闻"道"的准则，勤奋地践行它；中等人士听闻"道"的准则，似乎记得，又似乎记不得；下等人士听闻"道"的准则，哈哈大笑——不被这类人嘲笑，就不足以表明"道"的伟大和正确。所以，发表言论的人这样说：光明的道似乎是昏暗的；前进的道似乎是后退的；平坦的道似乎是崎岖的；上等的功德好像是深谷一样；广博的功德似乎是不足的；刚健的功德似乎是苟且的；质地纯真似乎是善变的。洁净的白色似乎是污浊的，最方正的好似没有棱角，珍贵的器物最后才能完成，宏大的声音没有动静，浩大的形象没有形迹。"道"是隐藏的，不可名状。只有"道"，善于帮助和成就万物。

◎ **释疑解惑**

对于"道"及其演变规律，世人的反应各不相同。对此，老子的态度是无可奈何。此外，《道德经》的辩证思想是一贯的、深刻的，又是全面的、具体的；本章即指出，事物的本质与表象往往作为对立的两面而存在，成为复杂而统一的矛盾体。

◎ 成语探源

1.若有若无：意思是"似乎有，又似乎没有"，形容"事物不清晰或者不确定"。出自本章的"若存若亡"。

2.大器晚成：意思是"能担当大事的人物要经过长期的锻炼，所以成就比较晚"，后来也指年纪较大后才成才或成名。出自本章的"大器晚成，大音希声"。

第四十二章

道生一^①，一生二^②，二生三^③，三生万物。万物负^④阴而抱^⑤阳，冲^⑥气以为和。人之所恶，惟孤、寡、不穀，而王公以为称。故物或损之而益，或益之而损。人之所教，我亦教之。强梁者不得其死，吾将以为教父。^⑦

◎ **注释** ①〔一〕混沌未分的统一体。②〔二〕阴、阳二气。③〔三〕天、地、人三才。④〔负〕背负着。⑤〔抱〕怀抱着。⑥〔冲〕冲击，激荡。⑦〔人之所恶，惟孤、寡、不穀，而王公以为称。故物或损之而益，或益之而损。人之所教，我亦教之。强梁者不得其死，吾将以为教父〕高亨、严凌峰、陈鼓应等学者均认为，这几句话与本章文义不符，"似为三十九章错移本章"。联系本章及第三十九章文义，其说较可信。

◎ **译文** 混沌的大道产生一元之气，一元之气化生阴阳，阴阳之气产生天、地、人三才，三才化生出万事万物。万物都背负着阴气，怀抱着阳气，阴、阳二气彼此激荡形成中和之气。人们所厌恶的就是"孤""寡""不穀"，但是王公却用来称呼自己。所以一切事物，减损有时能够增加，增加有时会减损。别人教导我的，我也用来教导人。"强悍的人不得好死"，我将把这句话作为教导他人的第一条准则。

第四十三章

天下之至柔，驰骋^①天下之至坚。无有入无间^②，吾是以知无为之有益。不言之教，无为之益，天下希^③及^④之。

◎ **注释** ①〔驰骋〕自由骑马、奔驰、奔跑的样子。②〔间〕间隙。③〔希〕稀少，很少。④〔及〕达到，指认识到或做到。

◎ **译文** 天下至为柔弱的事物，可以在天下至为坚硬的事物中间纵横自如。空无可以进入到没有一丝间隙的地方，我因此知道不刻意作为是有大益处的。没有言语的教化，不刻意作为的好处，天下很少有人能够认识到啊！

◎ **释疑解惑**

老子一直在强调"柔弱胜刚强""至柔胜至坚"，如第七十八章也说"天下莫柔弱于水，而攻坚强者莫之能胜"，这恰恰是因为"弱者，道之用"："柔弱"遵循着道的规律，因而能战胜刚强。老子观察了大量自然现象，分析了诸多历史现象，总结出"柔弱胜刚强"的至理名言。水看似柔弱，但又坚强无比，无坚不摧。老子根据他所洞察和发现的这些自然法则，提出了一整套指导人们为人处世的原则和方略。他认为君子安身立命，最重要的是要"道法自然""为而不争""利而不害"，也就是要遵循"无为"的法则。

第四十四章

名与身孰亲？身与货孰多^①？得与亡孰病^②？甚爱必大费，多藏必厚^③亡^④。故^⑤知足不辱，知止不殆^⑥，可以长久。

◎ **注释**　①〔多〕即"重"，贵重，重要。②〔病〕有危害。③〔厚〕深厚的，深重的。④〔亡〕损失，丧失。⑤〔故〕所以。今本无"故"字，据帛书本增补。⑥〔殆〕危险的。

◎ **译文**　名声与身体，哪一个更亲切？身体与货利，哪一个更重要？获得与丧失，哪一个有危害？过于喜爱必然耗费巨大，收藏过多必然损失惨重。所以知道满足不会遭受屈辱，知道停止不会遭遇危险，只有这样才可以保持长久啊！

◎ **释疑解惑**

　　本章通过反思"名与身""身与货""得与亡"的关系，进一步阐述辩证思想。正所谓物极必反，过分追求财货、名利，必然会损失惨重。所以"知足不辱，知止不殆"正是人生的大智慧。如果能以平常心面对生活，就能够泰然处之；如果少私寡欲，就躲开了是非；如果知足知止，就不会铤而走险。

第四十五章

大成①若缺，其用不敝②。大盈若冲，其用不穷③。大直若屈，大巧若拙，大辩若讷④。静胜躁，寒胜热，清静为天下正⑤。

◎ **注释**　①〔成〕成就，成功。②〔敝〕破旧，衰败。③〔穷〕穷尽的。④〔讷〕木讷的，迟钝的，笨拙的。⑤〔正〕君长，官长。

◎ **译文**　最完满的成就似乎是有所缺憾的，然而它的功用不会衰败；最充盈的东西好像是空虚的，然而它的功用却不会穷尽。最正直的东西好像是弯曲的，最灵巧的东西好像是笨拙的，最卓越的辩才好像是木讷的。沉静能够战胜浮躁，寒冷能够战胜炎热。清静无为可以成为天下的君长。

◎ **释疑解惑**

本章承接第四十一章的辩证思想，指出事物的本质与表象往往存在矛盾，并进而强调"柔胜刚"的要义。本章主要论述与修身相关的含藏内敛、韬光养晦之道。内在的修养是成就完美人格与伟大功业的关键所在，深藏不露、大智若愚，才是人生的大智慧。在老子看来，韬光养晦是明哲保身的重要原则。在我国历史上，很多杰出人物深谙进退之道，他们韬光养晦、功成不居，既能够建功立业，又能够避免泰去否来之祸和月盈则亏之辱。如唐代名将郭子仪一生谨慎，当进则进，当退则退，享年85岁方寿终正寝。《资治通鉴》称赞郭子仪"天下以其身为安危者殆三十年，功盖天下而主不疑，位极人臣而众不嫉，穷奢极欲而人不非之"，正体现了含藏内敛、韬光养晦之道的重要意义。

◎ **成语探源**

大巧若拙：意思是"真正灵巧的人，表面上好像很笨拙"。出自本章的"大巧若拙，大辩若讷"。

第四十六章

天下有道，却^①走马^②以粪^③；天下无道，戎马^④生于郊^⑤。祸莫大于不知足，咎^⑥莫大于欲得。故知足之足，常^⑦足矣。

◎ **注释**　①〔却〕放回，退回。②〔走马〕战马。③〔粪〕耕田，耕种。④〔戎马〕战马。⑤〔郊〕郊野。⑥〔咎〕过失，祸患。⑦〔常〕恒常的，永恒的。

◎ **译文**　天下按"道"的准则办事，就会放回战马去耕种；天下不按"道"的准则办事，连怀孕的母马也要上战场，在荒郊野外生下小马驹。最大的祸患莫过于不知满足，最大的罪过莫过于贪得无厌。所以，知道满足的满足，才是永恒的满足啊！

◎ **释疑解惑**

能否遵循"道"的规律，决定看天下是否安宁。遵循"道"的规律，则天下太平；违背"道"的规律，则天下大乱。那么，怎么算是违背"道"的规律呢？《道德经》认为，贪得无厌、不知足是最危险的做法。当摒弃贪欲、懂得满足时，也就符合"道"的规律了。因此，第三十七章也说："不欲以静，天下将自正"。

◎ **成语探源**

知足常乐：意思是"懂得满足才能经常快乐"，出自本章的"故知足之足，常足矣"。

第四十七章

不出户，知天下；不窥牖①，见天道②。其出弥③远，其知弥少。是以圣人不行④而知，不见而明⑤，不为而成⑥。

◎ **注释** ①〔牖（yǒu）〕窗户。②〔天道〕苍天的道理，指自然规律。③〔弥〕愈加，更加。④〔行〕出行，外出游历。⑤〔明〕明白，明了。⑥〔成〕成功，成就。

◎ **译文** 有道的人，不迈出家门，却知晓天下的事理；不窥探窗外的世界，却了解自然界的规律。不遵行"道"的准则的人，外出走得越远，知晓的事理越少。所以，圣人不用外出游历，就能够获取知识；不用亲眼看见，就能洞晓事理；不用刻意作为，就能成就功业。

◎ **释疑解惑**

有道之人，注重反观自求，进而身心修养达到极致，自然能够如第十章所说的那样，"涤除玄览"，足不出户，就可以知晓一切。如果身心向外追逐，奔驰放逸，就只能离"道"越来越远。

◎ **成语探源**

足不出户：意思是"脚不迈出家门"，指待在家里不外出。出自本章的"不出户，知天下"。

第四十八章

为学日益^①，为道日损^②。损之又损，以至于无为。无为而无不为。取^③天下常以无事^④，及其有事^⑤，不足以取天下。

◎ **注释**　①〔益〕增益，增加。②〔损〕损减，减少。③〔取〕为，治理。④〔无事〕即"无为"，不刻意作为。⑤〔有事〕刻意地做事。

◎ **译文**　学习知识要每天增加一些，学道则要每天损减一些私欲、积弊，损减了还要再损减，最终达到无私无欲、不刻意作为的境界。不刻意作为，那就没有事情不能做成了。治理天下，永远不要刻意地做事；等到刻意地做事了，那就说明没有资格治理天下啊！

◎ **释疑解惑**

　　本章认为，对于客观世界具体事物的认识，当然是一个不断积累的过程，所以说"为学日益"。但是，要领悟道的精髓则是切断一切偏私和妄念的过程，所以说"为道日损"，只有这样才能练就无为之心，达到无为而无不为的境界。

　　无为不是无能，而是睿智和练达的表现，是要经过长期参悟和修养才能达到的境界。在老子看来，无为既不是无所事事、不思进取，也不是懒庸昏聩、不堪造就。恰恰相反，达到无为之境的人，多是"微妙玄通、深不可识"之士，多是可以寄天下、托重任的不世之才。老子每嘉许无为时，总是把它和圣人联系在一起，认为只有圣人才能"处无为之事，行不言之教"。

　　"无为"的要义并不是无所作为，而是说不要刻意为之，不要有贪欲，只有这样才可以无所不为。"无为而无不为"，正是老子思想的精要之处。

第四十九章

圣人常无心^①，以百姓心为心。善者吾善^②之，不善者吾亦善之，德善^③。信^④者吾信^⑤之，不信者吾亦信之，德信^⑥。圣人在天下，歙歙^⑦焉，为天下浑^⑧其心。百姓皆注其耳目，圣人皆孩^⑨之。

◎ **注释**　①〔心〕心理思维，心思。②〔善〕友善地对待。③〔德善〕德通"得"，"德善"即"得善"，指得到了善良。④〔信〕诚信的。⑤〔信〕信任，相信。⑥〔德信〕即"得信"，指得到了诚信。⑦〔歙（xī）歙〕小心谨慎、谨小慎微的样子。⑧〔浑〕使……质朴、浑朴。⑨〔孩〕以……为孩。

◎ **译文**　圣人没有私心，他把老百姓的心思当作自己的心思。善良的人，我友善地对待他；不善良的人，我也友善地对待他，这就得到了善良的品质。诚信的人，我信任他；不诚信的人，我也信任他，这就得到了诚信的品质。圣人治理天下，总是小心谨慎，让天下人都有质朴纯洁的心。老百姓都注目凝视，侧耳倾听，圣人则像看待婴儿一样看待他们。

◎ **释疑解惑**

　　本章描绘了有道之士或者说贤能的领导者救助百姓的仁厚心肠与仁善行为。圣人早已达到"无疵""无欲""无为"的境界，却依然心怀苍生与天下；他要济世救人，而且有"救"无类，一视同仁，使天下人都回到质朴纯洁的状态。

第五十章

出生入死。生之徒^①，十有三；死之徒，十有三；人之生，动^②之于死地^③，亦十有三。夫何故？以其生生^④之厚^⑤。盖闻善摄生者，陆行不遇兕^⑥虎，入军不被^⑦甲兵^⑧；兕无所^⑨投其角，虎无所用其爪，兵无所容其刃。夫何故？以其无死地。

◎ **注释**　①〔徒〕（某一类别的）人。②〔动〕妄动，不合乎规律地动。③〔死地〕绝境，无法生存的境地。④〔生生〕奉养生命、身体。⑤〔厚〕（过于）丰厚。⑥〔兕（sì）〕犀牛。⑦〔被〕遭受，触及。⑧〔甲兵〕铠甲和兵器，泛指军事装备。⑨〔所〕方所，地方。

◎ **译文**　人都是从出生开始，一步一步走向死亡的。生命长寿的人有十分之三；夭折死去的人有十分之三；本来可以长寿，却由于妄动而陷入死地的人也有十分之三。这是什么缘故呢？这是因为他们过度奉养自己的身体了。我听说，善于养生的人，在陆地上行走不会遇到犀牛、老虎一类的猛兽，在战争中不会遭受兵器的伤害。因为犀牛没有地方投触它的犄角，老虎没有地方使用它的爪子，兵器没有地方容纳它的利刃。这是什么原因呢？因为善于养生的人遵行"道"的准则，没有把自己置于死地。

◎ **释疑解惑**

本章强调了养护身体的重要意义和方法。其中的关键在于：不要过度养护自己的身体，也不要自己把自己置于死地，应适可而止。这其实是"道"的原则的具体体现。老子认为只要不入死地，或者说不去有危险的地方，坚持清静无为，就可以"虎无所用其爪，兵无所容其刃"，自然就可以明哲保身，远离灾祸。

◎ **成语探源**

出生入死：意思是"经历各种危险，将个人安危置之度外"。出自本章的"出生入死。生之徒，十有三"。

第五十一章

道生之，德畜①之，物形②之，器③成之。是以万物莫不尊道而贵德。道之尊，德之贵，夫莫之命而常自然④。故道生之，德畜之，长之育之，亭之毒之⑤，养之覆⑥之。生而不有，为而不恃，长而不宰⑦，是谓"玄德"。

◎ **注释** ①〔畜〕通"蓄"，养育。②〔形〕（被）赋予形象、形体。③〔器〕一作"势"，据帛书甲、乙本改正。④〔自然〕自然而然，本来如此。⑤〔亭之毒之〕成就万物，成熟万物。亭，养育。毒，化育，养成。"亭毒"即化育、养成之意。高亨认为，"'亭'当读为'成'，'毒'当读为'熟'，皆音同通用"。亦可备一说。⑥〔覆〕覆护，庇护。⑦〔宰〕主宰，执掌。

◎ **译文** 道生成万物，德养育万物，万物各有不同形象，人为造作成就器物。所以，万物没有不尊奉道而珍视德的。道与德的尊贵，不是秉承谁的命令，而是永恒地本来如此。所以，道生成万物，德抚育万物，长养万物，培育万物，成就万物，成熟万物，养育万物，覆护万物。生育了万物却不据为己有，有所作为却不自恃有功，作为万物之长却不主宰它们的命运，这就是所谓的"玄奥的功德"啊！

第五十二章

天下有始，以为天下母。既得其母，以知其子；既知其子，复守其母。没身不殆。塞^①其兑^②，闭其门，终身不勤^③；开其兑，济^④其事，终身不救。见小^⑤曰明，守柔曰强。用其光，复归其明，无遗^⑥身殃^⑦，是为袭常。

◎ **注释** ①〔塞〕堵塞，闭塞。②〔兑〕口，嘴巴，此处代指人身上的各种感官。③〔勤〕勤劳，勤苦。④〔济〕增添，添加。⑤〔小〕小处，细处，细节。⑥〔遗〕遗留，留下。⑦〔殃〕灾殃，祸殃。

◎ **译文** 天下有一个始源，是天下的母体。既然已经得悉母体，那么可以认识"万物"；既然知晓孩子，那么应当守持它们的母体。这样一来，终身都不会有危险。堵塞嘴巴等感官，关闭追逐声色货利的门户，那么终生都不会劳苦。打开嘴巴等感官，增添纷杂的事务，那么终生都无法拯救。能够洞见细处叫作"明"，能够持守柔弱叫作"强"。使用"道"的光辉洞悉一切，再回归"道"明净、空洞的本体。如此一来，就不会给自身留下祸殃，这就是承袭永续不绝的常道。

◎ **释疑解惑**

天下万物皆生于"道"，因此要把握、遵循"道"及其规律，而其中的要点就在于"无欲"。这些道理，前面章节已经多次论及。本章着重阐述修身的内敛、持守原则，反对放纵感官。

当然，坚守内敛原则并非易事。要耐得住寂寞，要挡得住诱惑，要不惧世俗的冷眼，要有冰清玉洁之节操。很多人不畏惧千难万险，却畏惧寂寞和孤独；很多人能统领千军万马，却管不住自己的方寸。这也更凸显了"无为""无欲"的重要意义。

第五十三章

使我介然①有知，行于大道，唯施②是畏。大道甚夷，而人好径③。朝④甚除，田甚芜⑤，仓甚虚；服文采，带利剑，厌⑥饮食，财货有余。是为盗夸⑦。非道也哉！

◎ **注释**　①〔介然〕微不足道的样子。②〔施（yí）〕通"迤"，斜的，邪的。③〔径〕小路，斜路。④〔朝〕朝堂。⑤〔芜〕荒芜的。⑥〔厌〕通"餍"，饱足，富足。⑦〔盗夸〕盗魁，盗首，大盗。一说夸通"竽"，"盗夸"即"盗竽"。《韩非子·解老》即作"盗竽"，意即盗魁。

◎ **译文**　假使我稍微有些知识，能够在大道上行走，那么唯独害怕进入邪路。大道非常平坦，然而人们喜好小路。朝堂打扫得非常洁净，然而田园荒芜，仓库非常空虚；（为政者）锦衣华服，腰佩利剑，饮食精美，财物过剩——这是强盗头子啊！真是不合乎道啊！

第五十四章

善建者不拔①，善抱者不脱②，子孙以祭祀不辍③。修之于身，其德乃真；修之于家，其德乃余④；修之于乡，其德乃长；修之于邦，其德乃丰；修之于天下，其德乃普⑤。故以身观身，以家观家，以乡观乡，以邦观邦，以天下观天下。吾何以知天下然哉？以此。

◎ **注释** ①〔拔〕拔除，破除。②〔脱〕挣脱，解脱。③〔辍〕停止。④〔余〕富余，充裕。⑤〔普〕普遍，普照。

◎ **译文** 善于建造的人，他的建筑牢不可破；善于抱持的人，他的怀抱不能够脱离。后代子孙遵循这个道理，祭祀就会连绵不绝。把这一准则应用于自身修养，那么其功德就是纯真的；把这一准则应用于家庭教养，那么其功德就会充裕；把这一准则应用于乡里教化，那么其功德就会长久；把这一准则应用于邦国建设，那么其功德就会丰厚；把这一准则应用于天下治理，那么其功德就会普照众生。所以，通过自己的身心观察他人的身心，通过自己的家庭观察他人的家庭，通过自己的乡里观察他人的乡里，通过自己的邦国观察他人的邦国，通过自己的天下观察他人的天下。我是如何知道天下情况的呢？就是通过这个方法啊！

◎ **释疑解惑**

人们没有不想建立长久、稳固的事业的，然而，怎样才能够做到呢？那就要把握"道"及其规律。对于"道"及其规律的重要性，老子曾反复强调，如在第五十九章中也说："有国之母，可以长久。是谓深根固柢，长生久视之道。"另外，本章所说"以身观身，以家观家，以乡观乡，以邦观邦，以天下观天下"的逻辑顺序，与儒家所倡导的"修身、齐家、治国、平天下"有异曲同工之妙。

第五十五章

含①德之厚，比于赤子②。毒虫不螫③，猛兽不据，攫鸟不搏④。骨弱筋柔而握固，未知牝⑤牡⑥之合而朘⑦作⑧，精之至也。终日号而不嗄⑨，和之至也。知和曰常，知常曰明。益⑩生曰祥，心使⑪气曰强。物壮则老，谓之不道。不道早已。

◎ **注释** ①〔含〕包含，含藏。②〔赤子〕刚出生的婴儿。③〔毒虫不螫 (shì)〕毒虫不用尾端刺人。王弼本及帛书甲、乙本作"蜂虿虺蛇不螫"，此处以河上公本、苏辙本等古本为依据，作"毒虫不螫"。④〔猛兽不据，攫鸟不搏〕简本及帛书本作"攫鸟猛兽不搏"。此处以王弼本为依据。据，兽以爪抓物。攫鸟，凶猛的鸟。搏，搏击，扑击。⑤〔牝 (pìn)〕雌性动物，母体。⑥〔牡〕雄性动物。⑦〔朘〕男性的生殖器。⑧〔作〕兴起，此处指男性生殖器的勃起。⑨〔嗄〕嗓音沙哑。⑩〔益〕有益于。⑪〔使〕驱使。

◎ **译文** 含藏深厚功德的人，就像初生的婴儿。婴儿毫无妄念和欲望，所以毒虫不螫刺他，猛兽不抓咬他，凶禽不扑击他。婴儿筋骨柔弱，然而手握东西很牢固；婴儿不知道男女交合的事情，然而小生殖器自动勃起，这是精气达到极点的缘故啊！婴儿整日号哭，然而嗓子并不喑哑，这是柔和达到极点的缘故啊！知道柔和叫作"恒常"，知道恒常叫作"明了"，有益于生命叫作"吉祥"。心神驱使血气，叫作"逞强"，事物过于强壮就会衰败，因为这不符合道，不符合道的规律就会早早终结。

◎ **释疑解惑**

遵循"道"的规律行事，积累深厚的功德，最终可以达到什么样的理想状态呢？对此，老子的答案很明确：像婴儿一样！也就是说，像婴儿那样，"精之至""和之至"，才是道德修养的最理想状态。老子认为，一个人只要专心致志、坚守虚静，就能找回人的本性。这样才可以心无挂碍，顺应客观规律，趋吉避凶。

第五十六章

知①者不言，言者不知。（塞其兑，闭其门②。）挫③其锐④，解⑤其纷⑥，和⑦其光⑧，同⑨其尘⑩，是谓玄同。故不可得⑪而亲，不可得而疏⑫；不可得而利，不可得而害；不可得而贵，不可得而贱。故为天下贵。

◎ **注释**　①〔知〕同"智"，有知识的，有智慧的。②〔塞其兑，闭其门〕有的版本有此两句，疑是五十二章错简重出。其具体释义、解读请参见第五十二章。③〔挫〕挫磨。④〔锐〕锐气，锋锐，锋芒。⑤〔解〕消解，化解。⑥〔纷〕纷争，纷乱。⑦〔和〕融合，混合。⑧〔光〕光泽，光芒。⑨〔同〕混同。⑩〔尘〕尘垢，俗尘。⑪〔不可得〕不能够实现、达到。⑫〔疏〕疏远。

◎ **译文**　有智慧的人不随便发言，随便发言的人没有智慧。挫磨众人的锐气，消解众人的纷争，将自己融合于他们的光泽中，混同于他们的尘垢中，这叫作"玄妙混同的境界"。对于智者，谁也不能够亲近他，谁也不能够疏远他；谁也不能给他带来利益，谁也不能给他带来危害；谁也不能够珍重他，谁也不能够轻贱他。所以，他是天下最为尊贵的人。

◎ **释疑解惑**

道家的一个重要思想在于，以出世的修养开展入世的事业。一方面，有道之士"儽儽兮""独所遗"，是"微妙玄通，深不可识"的；另一方面，有道之士却又"常善救人""常善救物"，无为而无不为。老子认为，宇宙间万事万物都统一于道，万事万物之间的差异只是暂时的、表面的，从长远角度看，其本质都是相同的。基于这样一种思想，因此老子认为做人行事，也要求同存异，和睦相处，而不要锋芒毕露，唯我独尊。

◎ **成语探源**

和光同尘：比喻"不露锋芒，与世无争的处世态度"。出自本章的"和其光，同其尘"。

第五十七章

以正^①治国，以奇^②用兵，以无事^③取天下。吾何以知其然哉？以此：天下多忌讳^④，而民弥贫；人多利器，国家滋^⑤昏；人多伎巧^⑥，奇物滋起；法令滋彰^⑦，盗贼多有。故圣人云："我无为而民自化^⑧，我好静而民自正^⑨，我无事而民自富，我无欲而民自朴。"

◎ **注释**　①〔正〕正道。②〔奇〕奇诡，奇幻莫测。③〔无事〕犹"无为"，不刻意作为。④〔忌讳〕禁忌，禁令。⑤〔滋〕愈加，更加。⑥〔伎巧〕智慧巧艺。⑦〔彰〕昭彰，详备。⑧〔化〕（被）感化、教化。⑨〔正〕走上正道。

◎ **译文**　治理国家要用光明正大的原则，行军打仗要用离奇莫测的原则，管理天下要用不刻意做事的原则。我是如何知道应当这个样子的呢？原因如下：天下的禁忌越多，民众就越贫困；人们拥有的锋利兵器越多，国家就越昏乱；人们越来越机巧，稀奇古怪的事物就越层出不穷；法律条令越详备，盗贼就越多。所以圣人说："我不刻意作为，民众就自行受到教化；我喜好清静，民众就自行走上正道；我不刻意做事，民众就自然富足；我没有私欲，民众就自然朴实。"

◎ **释疑解惑**

　　本章主要谈如何治理国家。对此，老子认为，治理国家的正道在于"无为"，而"无事""好静""无欲"都是"无为"的同义词或者说具体体现。老子提出的"以正治国，以奇用兵"，主要是强调治国和打仗要有不同的方针，一个重"守正"，一个重"出奇"。在以无为治国的同时，也强调在战争中出奇制胜，这里的"奇"字，鲜明地概括出军事斗争的要害和特点，反映出战争不同于常态的特殊情况和特殊要求。

第五十八章

其政闷闷①，其民淳淳②；其政察察③，其民缺缺④。祸兮，福之所倚⑤；福兮，祸之所伏。孰知其极⑥？其无正⑦也。正复为奇，善复为妖⑧。人之迷，其日固⑨久。是以圣人方⑩而不割⑪，廉而不刿⑫，直而不肆⑬，光而不耀。

◎ **注释**　①〔闷闷〕淳朴、宽厚的样子。②〔淳淳〕淳厚、质朴的样子。③〔察察〕严苛、细苛的样子。④〔缺缺〕缺憾、憾惜的样子。⑤〔倚〕倚傍，依凭。⑥〔极〕极致，终极。⑦〔正〕中正，正大。⑧〔妖〕妖邪。⑨〔固〕确实。⑩〔方〕方正，正直。⑪〔割〕有棱角而容易割伤人，生硬。⑫〔刿（guì）〕伤害，妨害。⑬〔肆〕放肆。

◎ **译文**　政事宽厚，百姓就会淳朴；政事细苛，百姓就会有缺憾。祸患啊，它是幸福所依傍的地方；幸福啊，它是祸患所潜伏的地方。谁知道这种循环往复的终极结果呢？难道没有一个中正的状态吗？中正又变化为奇诡，美善又变化为妖邪。人们往往迷失在其间，时日已经很久了。所以，圣人方正而不待人生硬，性格刚强而不伤人，直率而不放肆，光鲜而不炫耀。

◎ **释疑解惑**

　　矛盾体的对立两面总是因此有彼、彼又生此，循环往复，无有穷尽。所以，有道之士在秉持某一原则的同时，却又总是加以相应的防范，是谓"中道"，如本章所说"方而不割，廉而不刿，直而不肆，光而不耀"。

◎ **成语探源**

　　祸福相依：意思是"灾祸与幸福相互生成"，也就是说"坏事可以引出好的结果，好事也可以引出坏的结果"。出自本章的"祸兮，福之所倚；福兮，祸之所伏"。

第五十九章

治人事①天，莫若啬②。夫惟啬，是谓早服③。早服，谓之重④积德；重积德，则无不克⑤；无不克，则莫知其极⑥；莫知其极，可以有国；有国之母⑦，可以长久。是谓深根固柢⑧，长生久视⑨之道。

◎ **注释**　①〔事〕敬事。②〔啬 (sè)〕节省，俭省。③〔早服〕服，通"备"，准备。这里参考了任继愈、陈鼓应先生的观点。郭店简本"早服"即写作"早备"。④〔重〕深重，厚重。⑤〔克〕克服，攻克。⑥〔极〕极限，极致。⑦〔有国之母〕掌握治理国家的根本准则。⑧〔柢〕树木的根，根基。⑨〔久视〕久存。

◎ **译文**　治理百姓，敬事上天，没有比"俭省"（无为）更好的办法了。只有俭省，才可以早做准备。早做准备，就是积累厚重的功德；积累厚重的功德，就可以攻无不克；攻无不克，人们就不会知道他能力的极限所在；人们不知道他能力的极限所在，他就可以稳定地拥有一个国家了；掌握拥有治理国家的"道"的准则，那么就可以长治久安了。这就是根深蒂固、长久生存的道理。

◎ **释疑解惑**

　　本章所讲到的"啬"指的是俭省，俭省达到极致就是"无为"，这是德、德行、行为的根本原则。本章着重阐述"俭啬"的修身、养生、治国之道，认为只有少私寡欲、知足常乐，才是养生之正道。

◎ **成语探源**

　　1.攻无不克：意思是"能力非常强大，没有攻克不了的困难"。出自本章的"重积德，则无不克"。

　　2.根深柢固：一般写作"根深蒂固"。比喻基础稳固，不容易动摇。出自本章的"是谓深根固柢，长生久视之道"。

第六十章

治大国，若烹^①小鲜^②。以道莅^③天下，其鬼不神^④。非其鬼不神，其神不伤人；非其神不伤人，圣人亦不伤人。夫两不相伤，故其德交^⑤归焉。

◎ **注释**　①〔烹〕烹调，烹饪。②〔小鲜〕小鱼。③〔莅〕莅临、到，统辖、统治。④〔神〕发挥神妙的作用，作祟。⑤〔交〕都，俱。

◎ **译文**　治理一个大的国家，就好像烹调小鱼一样。用"道"的准则来治理天下，那么鬼怪就不会作祟了；不仅鬼怪不作祟，他们的邪祟也不能伤害人了；不仅鬼神和邪祟不伤人，圣人也不伤人。鬼怪与圣人都不伤人，所以功德都归向百姓了。

◎ **释疑解惑**

　　治理天下要遵循"道"的原则，遵循"无为"的准绳，这是老子所反复强调的，贯穿于《道德经》全书。

第六十一章

大国①者下流，天下之牝，天下之交也。牝常以静胜牡，以静为下。故大国以下②小国，则取小国；小国以下大国，则取大国。故或下以③取，或下而④取。大国不过欲兼畜⑤人，小国不过欲入事⑥人，夫两者各得其欲。大者宜为下。

◎ **注释**　①〔国〕帛书甲本作"邦"，与"国"同义。此处以王弼本为依据，仍作"国"。②〔下〕低下，谦下。这里指以低下的姿态对待。③〔以〕以便，为了。④〔而〕从而。⑤〔兼畜（xù）〕兼容并蓄。⑥〔入事〕被纳入而共事。

◎ **译文**　大国要像处于江河下流一样，处在天下雌柔的位置，那是天下交汇之处。雌柔经常凭借安静战胜雄强，因为安静总是处在低下和柔弱的位置。所以，大国以低下的姿态对待小国，那么就可以取得小国的信任和归附；小国以低下的姿态对待大国，那么就可以取得大国的信任和容纳。因此，或者是凭借低下姿态取得信任，或者是凭借低下姿态取得容纳。大国不过是想要聚养小国，小国不过是想要被大国容纳，双方都实现了自己的愿望。所以，强大者适宜处于低下的位置。

◎ **释疑解惑**

　　"弱者道之用""柔弱胜刚强"，是老子所特别强调的。其实，老子还有另外一个思想，套用其自身的句式来说，可以称作"'下'者道之用"，也就是："处众人之所恶，故几于道"（第八章），"江海所以能为百谷王者，以其善下之"（第六十六章）。本章旨在阐明谦柔卑下的处世、外交之道。老子认为，大国与小国要平等相待，和平相处，通过外交手段弥战谋和。在处理国与国之间的关系上，大国应该像江海一样，谦居下流，善待小国、弱国，这样才能天下太平。

◎ **成语探源**

　　兼收并蓄：也作兼容并蓄。意思是"把不同类型、不同性质的事物都吸收进来，一并保存"，形容"有深厚、宽广的度量"。出自本章的"大国不过欲兼畜人"。

第六十二章

道者，万物之奥^①。善人之宝，不善人之所保。美言可以市^②尊，美行可以加^③人。人之不善，何弃之有？故立天子，置^④三公^⑤，虽有拱璧^⑥以先^⑦驷马^⑧，不如坐^⑨进此道。古之所以贵此道者何？不曰：求以得，有罪以免邪？故为天下贵。

◎ **注释**　①〔奥〕庇荫。②〔市〕购取，收获，获得。③〔加〕赢得。④〔置〕被委任为。⑤〔三公〕古代朝廷中最尊贵的三个官职的合称。⑥〔拱璧〕大型的美玉。⑦〔先〕先于，在……之先。⑧〔驷马〕显贵者所乘的驾四匹马的高车。⑨〔坐〕稳坐，安稳。

◎ **译文**　"道"是万物的庇荫，是善良人的宝藏，不善良的人也依赖它得以保全。一句美言可以收获尊重，一件善行可以赢得人心；即使不善的人，又有什么理由要抛弃道呢？所以，纵使被拥立为天子，被委任为三公，接受大型美玉和四马豪车的馈赠，也不如安稳地修道。古人为什么如此珍视"道"呢？不就是说：（遵行"道"的准则，）有求皆有所得，有罪皆可免除吗？所以，"道"是天下最为珍贵的事物。

◎ **释疑解惑**

　　老子在各个章节中反复强调：把握"道"及其规律，是品德修养和为人处世的关键所在。本章通过多个精妙的比喻，再次强调了这一点。道最深奥，也最现实，和每个人的生活息息相关，任何人都无法摆脱"道"的约束。只有认识到道的重要意义，并按照道的规律去行事，才可以趋吉避凶，无往而不利。

第六十三章

为无为，事无事，味无味。大小多少，（报怨以德①。）图②难于其易，为大于其细。天下难事，必作于易；天下大事，必作于细。是以圣人终不为大，故能成其大。夫轻③诺必寡④信，多易⑤必多难。是以圣人犹难⑥之，故终无难⑦矣。

◎ **注释**　①〔报怨以德〕有的版本有此句，疑是第七十九章错简重出，其具体释义、解读请参见第七十九章。②〔图〕图谋，谋划。③〔轻〕轻易地。④〔寡〕寡少，稀少。⑤〔易〕把事情看得很容易。⑥〔难〕把事情看得艰难，因而慎重对待。⑦〔难〕困难。

◎ **译文**　以无为的态度去有所作为，以不滋事的方式处事，把恬淡无味作为有味。大与小，多与少，它们之间是辩证统一的。图谋难事要从容易做的时候开始，处理大事要从细微处着手。天下的难事，必定要从容易处做起；天下的大事，必定要从细小处做起。所以，圣人做事始终不从大处着手，因此能够成就伟大的事业。轻易地许诺必然缺少信用，把事情看得很容易必然困难重重。所以，圣人都是慎重地处事，所以终究没有困难啊！

◎ **释疑解惑**

后世的许多思想，比如"骄兵必败""细节决定成败"等等，都与本章的辩证思想有异曲同工之妙，都体现了大与小、多与少、难与易、宏观与微观之间的辩证关系。一个人要想成就大业，必须从小处做起；一个人要想完成困难的任务，可以先从容易处着手，正所谓"不积跬步，无以至千里"。

◎ **成语探源**

轻诺寡信：意思是"轻易答应别人的要求，很少能守信用"。出自本章的"轻诺必寡信"。

第六十四章

其安易持①，其未兆②易谋；其脆易泮③，其微易散。为之于未有，治之于未乱。合抱④之木，生于毫末⑤；九层之台，起于累土⑥；千里之行，始于足下。（为者败之，执者失之。是以圣人无为，故无败；无执，故无失。⑦）民之从事⑧，常于几⑨成而败之。慎终如始，则无败事。是以圣人欲不欲，不贵难得之货；学不学，复⑩众人之所过。以辅⑪万物之自然而不敢为。

◎ **注释** ①〔持〕维持，守持。②〔兆〕出现征兆。③〔泮 (pàn)〕分散，分解。④〔合抱〕张开双臂合拢而抱。⑤〔毫末〕草木的毫毛一般的嫩芽。⑥〔累土〕一捧土。⑦〔为者败之，执者失之。是以圣人无为，故无败；无执，故无失〕有的版本有此数句，疑是第二十九章错简重出，其具体释义、解读请参见第二十九章。⑧〔从事〕做事情。⑨〔几〕将近。⑩〔复〕修复，弥补。⑪〔辅〕辅助，帮助。

◎ **译文** 安定的局面是容易维持的，在事情还没有征兆的时候，是容易谋划、处置的；脆弱的事物容易分解，微细的事物容易消散。在事情没有发生时做好准备，在祸乱没有产生时就处理妥当。合抱才能围绕的粗树，是从毫毛般的嫩芽生长起来的；九层高的楼台，是从第一捧土渐渐积累而成的；数千里的行程，是从脚下的第一步开始的。人们做事情，常常是在快要成功的时候失败了。在接近终尾的时候，要像刚刚开始的时候一样慎重，那么就不会失败了。所以，圣人所追求的不是众人所追求的，他不会珍视难得的货物；圣人所学习的不是众人所学习的，他补救众人所犯的过错。他辅助万物回归它们本来的状态，但他是不敢刻意作为的。

◎ **释疑解惑**

本章承接上一章，继续阐述辩证思想，并以此为基础，提出了一些告诫，后世的一些相关熟语也都是发端于此，比如"防患于未然""未雨绸缪""善始善终"等。本章强调，要成就大事，应从小事做起，要重视量的积累。同时，也要有"慎终如始"的毅力和恒心，这样才不至于"功亏一篑"。现在我们倡导"不忘初心"，也正体现了这一思想。

◎ **成语探源**

1.千里之行，始于足下：意思是"一千里的路程是从迈出第一步开始的"，比喻"事情的成功都是由小到大逐渐积累的"。出自本章的"千里之行，始于足下"。

2.慎终如始：意思是"自始至终都要谨慎做事"。出自本章的"慎终如始，则无败事"。

第六十五章

古之善为道者，非以明①民，将以愚②之。民之难治，以其智③多。故以智治国，国之贼④；不以智治国，国之福。知此两者，亦稽式⑤。常知稽式，是谓"玄德"。玄德深矣，远矣，与物反⑥矣，然后乃至大顺⑦。

◎ **注释**　①〔明〕使……精明。②〔愚〕使……愚朴、朴实。③〔智〕智巧，智谋。④〔贼〕有危害的人，祸患。⑤〔稽式〕程式，原则。⑥〔反〕有两种解释：一、指相反；二、通"返"，返回。本书译文取前者。⑦〔大顺〕极其和顺、顺畅。

◎ **译文**　古代善于行道的人，不是让民众变得精明，而是让民众变得朴实。民众之所以难于治理，是因为他们的智巧太多。所以，用智巧来治理国家，是国家的祸害；不用智巧来治理国家，是国家的幸福。知道了这两点，也就把握住了原则。懂得并坚持这个原则，就叫作"玄奥的功德"。玄奥的功德深邃、悠远，和世俗的认识正好相反，但最终会达到极其和顺的状态。

◎ **释疑解惑**

本章提出"古之善为道者，非以明民，将以愚之"。这并不是愚民政策。老子并不是希望百姓愚笨而没有智慧，而是希望他们没有那些刻意的智巧与贪欲，也就是"常使民无知无欲"（第三章）；如果不是这样，那么如何解释第十章所说的"明白四达，能无知乎"呢？

第六十六章

江海所以能为百谷①王②者，以其善下③之，故能为百谷王。是以圣人欲上④民，必以言下⑤之；欲先⑥民，必以身后⑦之。是以圣人处上而民不重⑧，处前而民不害⑨，是以天下乐推⑩而不厌。以其不争，故天下莫能与之争。

◎ **注释**　①〔百谷〕即"百川"，指千百条河流。②〔王〕天下所归附的君王。③〔下〕在……的下面。④〔上〕在……的上面，做……的首领。⑤〔下〕谦下地对待。⑥〔先〕在……的前面，处于领先的位置。⑦〔后〕在……的后面。⑧〔重〕有负担。⑨〔害〕受到妨害、妨碍。⑩〔推〕推举，拥戴。

◎ **译文**　大江、大海之所以能够成为千百条河流所归附的地方，是因为大江、大海善于处在低下的位置，这样就可以成为千百条河流的宗主。所以，圣人想要成为民众的首领，必须在言辞上谦下；想要领导民众，必须把自身利益放在百姓的后面。这样一来，圣人处在上位，然而民众却不会感到有负担；圣人处在前面，民众却不会感到受妨碍。所以，天下百姓都乐意拥戴圣人，而不是厌弃他。正是因为他不去争夺，天下才没有人能够与他相争。

◎ **释疑解惑**

老子说"弱者，道之用"（第四十章），扩而充之，也可以说"'下'者道之用""'后'者道之用"……这与第八章所说的"上善若水。水善利万物而不争"讲的是一个道理。基于"弱者道之用"的思想，扩而充之，也可以说"下者道之用""后者道之用""不争道之用"……

老子反复阐发不争的道理和不争的好处，认为只要做到"不争"，就不仅可以远离灾祸和争斗，还可以"无往而无不利"。需要注意的是，老子的所谓"不争"，并不是消极躲避，而是不勉强行事，不激化矛盾，求同存异，营造和谐共赢的良好局面。老子"不争"的思想，还含有不争私利、不争意气、不计较末节，把握全局、放眼长远的深刻内涵。

第六十七章

天下皆谓我道大，似不肖^①。夫唯大，故似不肖。若肖，久矣其细^②也夫^③！我有三宝，持^④而保之：一曰慈，二曰俭^⑤，三曰不敢为^⑥天下先。慈，故能勇；俭，故能广；不敢为天下先，故能成器^⑦长^⑧。今舍慈且^⑨勇，舍俭且广，舍后且先，死矣！夫慈，以战则胜，以守则固。天将救之，以慈卫^⑩之。

◎ **注释** ①〔肖〕相似，像。②〔细〕细小的，微不足道的。③〔也夫〕表达感叹的语气助词。④〔持〕持守，坚守。⑤〔俭〕俭省，节俭。⑥〔为〕成为，作为。⑦〔器〕器物，万物。⑧〔长〕首长，首领。⑨〔且〕尚且，还要。⑩〔卫〕卫护，保护。

◎ **译文** 天下人都认为我所说的"道"是宏大的，似乎没有什么事物是与它相似的；正因为"道"是真正的宏大，所以没有什么事物与它相似。如果有相似事物的话，那么时间久了，"道"也就变成细小的东西了。我有三件法宝，人们应该坚守而保存着：第一是"慈爱"，第二是"俭省"，第三是"不敢处于天下的领先位置"。因为慈爱，所以能够勇毅；因为俭省，所以能够广博；因为不敢处于天下的领先位置，所以能够成为万物的首领。现在，如果舍弃了慈爱，却还追求勇毅；舍弃了俭省，却还追求广博；舍弃了退让，却还追求领先，那么一定是死路一条啊！一个人如果做到慈爱，那么攻战就会胜利，防守就会稳固。上天将要救助谁，就用慈爱来卫护他。

◎ **释疑解惑**

本章告诉人们安身立命的三件法宝：慈，俭，不敢为天下先。其实，对于这三件法宝，老子并非秘不示人，而是反复强调，只不过每次说法不同，比如第七十九章的"天道无亲，常与善人"，第五十九章的"治人事天，莫若啬"，第六十六章的"欲先民，必以身后之"，所说的就是这"三宝"。

◎ 成语探源

吉人天相：意思是"吉祥的人，苍天一定会帮助他"，多用作遭遇危险或困难时的安慰语。出自本章的"天将救之，以慈卫之"。

第六十八章

善为士①者，不武②；善战者，不怒；善胜敌者，不与③；善用人者，为之下。是谓不争之德，是谓用④人之力⑤，是谓配天⑥，古之极⑦也。

◎ **注释**　①〔士〕勇士，卿士。这里指统帅。②〔武〕炫耀武力。③〔与〕争斗，交手。④〔用〕使用，发挥。⑤〔力〕力量。⑥〔天〕苍天，代指宇宙。⑦〔极〕至高无上的准则。

◎ **译文**　善于做统帅的人，不会炫耀武力；善于征战的人，不会发怒；善于战胜敌人的人，不会轻易与人交手；善于用人的人，对人谦下。这就是不争夺的美德，这就是善于发挥人的力量，这是自古以来至高无上的准则。

◎ **释疑解惑**

　　"不争"是"无为"原则的重要体现，也是克敌制胜的法宝。"不争"又可以具体表现为"不武""不怒""不与"。本章中的"善"字，道出了"无为"思想的真谛。无为并不是无所作为，而是凭借自己高超的智慧，抓住关键，顺势而动，善于作为，功成名就而不留痕迹。

第六十九章

用兵有言："吾不敢为主①，而为客②；不敢进寸，而退尺。"是谓行无行，攘③无臂，扔④无敌，执⑤无兵⑥。祸莫大于轻敌，轻敌几丧吾宝。故抗兵相若⑦，哀⑧者胜矣。

◎ **注释**　①〔主〕主动作为，指主动攻击对手。②〔客〕采取守势，被动反击。③〔攘〕伸出、挥动胳膊。④〔扔〕搏击。⑤〔执〕握着，拿着。⑥〔兵〕兵器，武器。⑦〔相若〕相当。⑧〔哀〕有两种解释：一指哀怨、哀戚，二指慈悲、怜悯。本书译文取前者。

◎ **译文**　领兵打仗的人说："我不敢主动进犯，而是被动迎战；不敢前进一寸，而是后退数尺。"这就是说打仗好像没有阵势可摆，挥动胳膊却好像没有手臂一样，奋起搏击却好像没有敌手一样，双手紧握却好像没有兵器一样。最大的祸患莫过于轻视敌人，轻视敌人就会丧失我的法宝。所以，如果对抗的双方兵力相当，那么哀怨和受侵略的一方会取得胜利。

◎ **成语探源**

1.反客为主：意思是"客人反过来成为主人"，多用来比喻"变主动为被动"。出自本章的"吾不敢为主，而为客"。

2.得寸进尺：意思是"得了一寸，还想再前进一尺"，比喻"贪得无厌"，出自本章的"不敢进寸，而退尺"。

3.哀兵必胜：意思是"对抗的两军力量相当，悲愤的一方获得胜利。指受压抑而奋起反抗的军队，必然能打胜仗"。出自本章的"故抗兵相若，哀者胜矣"。

第七十章

吾言甚易知，甚易行。天下莫能知，莫能行。言有宗^①，事有君^②。夫惟无知，是以不我知^③。知我者希，则^④我者贵。是以圣人被^⑤褐^⑥而怀玉。

◎ **注释**　①〔宗〕宗主，根本。②〔君〕君主，主导。③〔不我知〕即"不知我"，不了解我。④〔则〕效法。⑤〔被（pī）〕身着，身穿。⑥〔褐〕粗布衣服。

◎ **译文**　我的言论非常容易知晓，非常容易践行。天下之大，却没有人能够知晓，没有人能够践行。我的言论是有根源的，依此行事就会有主心骨。正是因为世人不知道这个道理，所以才不了解我。了解我的人很少，效法我的人弥足珍贵。所以，圣人都是身穿粗布衣裳，怀揣着无价美玉。

◎ **释疑解惑**

有句话说："明明白白一条路，万万千千不肯修！"本章也发出了类似的感叹。只能说，世人的根性如何，洞察了宇宙真理的圣人们是清楚明白的，但仍然有很多人难以洞悉并践行真理，本章因此感叹"知我者希，则我者贵"。

◎ **成语探源**

被褐怀玉：也作"被褐怀宝"，意思是"身穿粗布衣服，怀中藏着宝玉"。比喻人有才德而深藏不露。出自本章的"是以圣人被褐而怀玉"。

第七十一章

知不知，尚①矣；不知知，病②也。圣人不病，以其病③病。夫唯病病，是以不病。

◎ **注释** ①〔尚〕同"上"，上等的，高明的。②〔病〕弊病，毛病，缺陷。③〔病〕以……为病，知道……是缺陷。

◎ **译文** 知道却认为自己不知道，是高明的。不知道却认为自己知道，是缺陷。圣人没有缺陷，因为他知道缺陷就是缺陷。正因为知道缺陷就是缺陷，所以能够没有缺陷。

◎ **释疑解惑**

孔子云："知之为知之，不知为不知，是知也。"《老子》指出了与此不同的两种状态：一种是"知不知"，这是很高明的；另一种是"不知知"，这是没有自知之明的表现，《老子》认为这是很低劣的。正如第三十三章所说，"知人者智，自知者明"，有自知之明才是人生的大智慧。

第七十二章

民不畏威①，则大威②至。无狎③其所居，无厌④其所生。夫唯不厌，是以不厌⑤。是以圣人自知不自见⑥，自爱不自贵。故去彼取此。

◎ **注释**　①〔威〕威权，威慑。②〔威〕祸乱，祸患。③〔狎〕通"狭"，使……狭窄、狭迫、侵犯。④〔厌（yā）〕通"压"，压榨，压迫。⑤〔厌〕被厌恶。⑥〔见〕同"现"，展现。

◎ **译文**　民众如果不畏惧暴力威慑，那么大的祸乱就会到来。不要侵犯民众的居所，不要压榨民众的生活。正是因为不去压榨民众，所以民众不会厌恶和反抗（统治者）。因此，圣人了解自己，却不自我表现；关爱自己，却不自显高贵。所以要舍掉"自见""自贵"，选取"自知""自爱"。

◎ **释疑解惑**

当政者应当如何对待民众？对此，本章提出了明确的警示：如果一味以暴力压迫民众，必然会招致民众的厌恶和反抗，进而给自身带来祸患。

第七十三章

勇于敢①则杀②，勇于不敢则活。此两者，或利或害。天之所恶③，孰知其故？（是以圣人犹难之。④）天之道⑤，不争而善⑥胜，不言而善应⑦，不召而自来，繟然⑧而善谋。天网恢恢⑨，疏而不失⑩。

◎ **注释**　①〔敢〕胆敢，蛮干。②〔杀〕被杀。③〔恶〕厌恶。④〔是以圣人犹难之〕有的版本有此句，疑是第六十三章错简重出，其具体释义、解读请参见第六十三章。⑤〔道〕准则，法则。⑥〔善〕善于，擅长。⑦〔应〕回应。⑧〔繟（chǎn）然〕坦然、舒缓的样子。⑨〔恢恢〕宽广、广大的样子。⑩〔失〕漏失，遗漏。

◎ **译文**　有勇气蛮干，那么就会遭遇杀身之祸；有勇气不蛮干，那么就可以存活下来。这两种情形，一种是有益的，一种是有害的。苍天都会厌恶第一种情形，有谁知道其中的缘故呢？苍天的法则在于：不去争夺，而善于取得胜利；不去发言，而善于回应；不去召唤，而他人自行前来；心平气和，而善于运筹谋划。苍天的罗网宽广无边，虽然稀疏，但是没有一样东西会被遗漏。

◎ **成语探源**

1.不请自来：意思是"没有受到邀请而自行前来"。出自本章的"不召而自来"。

2.天网恢恢，疏而不漏：意思是"天道像一个广阔的大网，作恶者逃不出这个网，也就是逃不出天道的惩罚"。比喻"天道公平，善恶有报"。出自本章的"天网恢恢，疏而不失"。

第七十四章

民不畏死，奈何以死惧^①之？若使民常畏死，而为奇^②者，吾得执^③而杀之，孰敢？常有司杀者^④杀。夫代司杀者杀，是谓代大匠^⑤斫^⑥。夫代大匠斫者，希有不伤其手矣。

◎ **注释** ①〔惧〕使……恐惧，恐吓。②〔奇〕奇诡之事。③〔执〕拘捕，逮捕。④〔司杀者〕司，执掌，掌管。"司杀者"指负责行刑者，即天道、自然。⑤〔大匠〕手艺高明的技师、匠师。⑥〔斫〕用刀、斧等砍削。

◎ **译文** 民众不畏惧死亡，为什么要用死亡来恐吓他们呢？如果使民众总是畏惧死亡，那么再有胡作非为的人，我将拘捕而杀掉他；这样一来，还有谁再敢这么做？宇宙法则是恒常不变的，自然会有执掌生杀大权的苍天来进行杀戮；如果代替执掌生杀大权的苍天去实施杀戮，那就如同代替工匠去砍削木头一样，很少有不砍伤自己手的。

◎ **释疑解惑**

老子明确反对滥行杀戮。前文已提到"天网恢恢，疏而不失"，那么自然由上天执掌生杀大权。如果代替苍天去实施杀戮，自然就是危险的。

第七十五章

民之饥，以其上^①食税^②之多，是以饥。民之难治，以其上之有为^③，是以难治。民之轻死^④，以其上求生之厚^⑤，是以轻死。夫唯无以生为^⑥者，是贤于贵生。

◎ **注释**　①〔上〕君上，首领。②〔食税〕征收、享用赋税。③〔有为〕刻意作为，与"无为"相对。④〔轻死〕轻易地赴死。⑤〔厚〕丰厚，厚爱。⑥〔无以生为〕不以丰厚、奢华的生活为目标，即生活淡泊宁静。

◎ **译文**　民众饥饿，是因为他们的君上征收赋税太多，所以饥饿。民众难以治理，是因为他们的君上任意作为，所以难以治理。民众轻易赴死，是因为他们的君上厚爱自己的生活，所以才冒死犯上。唯有生活淡泊清静的人，才比生活奢华的人更高明。

◎ **释疑解惑**

本章继续探讨当政者的"德行"问题，明确指出几样常见的弊病，以及由此而来的严重后果。

第七十六章

人之生也柔弱，其死也坚强^①；草木之生也柔脆，其死也枯槁^②。故坚强者死之徒^③，柔弱者生之徒。是以兵强则灭，木强则折^④。强大处^⑤下，柔弱处上。

◎ **注释**　①〔强〕僵硬的，僵直的。②〔枯槁〕干枯的，干硬的。③〔徒〕某一类别的人、事物。④〔折〕断，折断。⑤〔处〕处于，位于。

◎ **译文**　人活着的时候，肢体是柔顺、软弱的；死了以后，尸体变得坚硬、僵直。花草树木活着的时候，枝叶是柔嫩、青脆的；死了以后，枝叶变得枯黄、干硬。所以，坚硬、僵直的事物是属于死亡的一类，柔顺、软弱的事物则属于生存的一类。因此，用兵逞强就要灭亡，树木强盛就要被折断。强大的事物是处于下位的，柔弱的事物则处于上位。

◎ **释疑解惑**

本章专注于探讨"柔弱"与"刚强"之间的关系，并且辅以生动的例证。既然"弱者，道之用"（第四十章），"柔弱"顺应了道的规律，那么毫无疑问，"柔弱"是胜于"刚强"的，这正是老子所反复强调的。在本章看来，"柔弱"才是生命的最佳状态。

第七十七章

天之道①，其犹张②弓欤③？高者抑④之，下者举⑤之；有余者损之，不足者补之。天之道，损有余，而补不足；人之道则不然，损不足以奉⑥有余。孰能有余以奉天下？唯有道者。是以圣人为而不恃，功成而不处，其不欲见贤。

◎ **注释**　①〔道〕准则，法则。②〔张〕伸张，拉伸。③〔欤〕文言文助词，此处表达反诘的语气。④〔抑〕抑制，压低。⑤〔举〕抬举，抬高。⑥〔奉〕供奉，供养，奉献。

◎ **译文**　自然的法则，难道不是如同拉弓射箭一样吗？弦位太高，就要压低它；弦位过低，就要抬高它。拉得太满的时候，就要损减富余的部分；拉得不够的时候，就要弥补不足的部分。自然的法则，正是损减富余的事物，弥补不足的事物。人世的法则却不是这个样子，它是损减不足的事物，供养富余的事物。谁能够用富余来供养天下呢？只有遵行"道"的准则的人啊！所以遵行道的准则的人，有所作为而不自恃，成就功业而不自我夸耀，他不想表现自己的贤能。

◎ **释疑解惑**

矛盾体的对立两面是各自向对方转化的，所以才有"反者，道之动"的说法。也正因为如此，天道是趋向平衡的，具体来说就是"损有余，而补不足"。本章通过"张弓"的比喻，形象地阐释了这一原则。

第 七 十 八 章

天下莫柔弱于水，而攻坚强者莫之能胜，以其无以易^①之。弱之胜强，柔之胜刚，天下莫不知，莫能行。是以圣人云："受国之垢^②，是谓社稷主；受国不祥，是为天下王。"正^③言若反^④。

◎ **注释**　①〔易〕替换，替代。②〔垢〕通"诟"，耻辱，屈辱。③〔正〕正大光明的。④〔反〕反面，讲反话。

◎ **译文**　天下最柔弱的事物莫过于水了，然而要攻克坚强的事物，没有能够胜过水的，因为水是无可替代的。羸弱战胜强悍，柔和战胜刚猛，天下没有人不知道这一原则，然而没有人能够践行。所以圣人说："容受全国的耻辱，才能称为社稷的君主；容受全国的祸患，才能成为天下的君王。"这是正大光明的言论，听起来却好像在讲反话一样。

◎ **释疑解惑**

　　本章以水为例，阐释"以柔克刚"的道理。水是"柔弱胜刚强"的典型例证，推而及人，为人主者应当拥有包羞忍辱的胸怀。老子推崇水的德性，认为水极为柔弱，但水滴石穿，无坚不摧。水不仅能普利万物，而且能摧枯拉朽，涤荡邪恶。很多人知道水的好处，认识到人类一天也离不开水，却未能深入理解"水善利万物而不争"的深刻道理。而这也正体现了老子思想的博大精深。

第七十九章

和^①大怨，必有余怨。报怨以德，安可以为善？是以圣人执^②左契^③，而不责^④于人。有德司^⑤契，无德司彻^⑥。天道无亲，常与^⑦善人。

◎ **注释**　①〔和〕调和，调解。②〔执〕手执，手拿。③〔左契〕古代借贷的时候，刻木为契，剖分左右，贷者执右，物主执左。左契即债权人用以讨债的契据、凭据，类似于今天的借据存根。④〔责〕问责，讨债。⑤〔司〕掌管，执掌。⑥〔彻〕本指周朝的税法，此处代指税收等类事务。⑦〔与〕施与，帮助。

◎ **译文**　调和巨大的仇怨，必定还留有剩余的怨愤。用德来报答怨恨，这怎么能说是妥善的办法呢？所以，圣人手执借据，却不去找人讨债。有功德的人掌管借据，无功德的人才去执掌税敛。自然的准则并没有刻意亲近的对象，而是经常帮助善良的人。

◎ **释疑解惑**

　　老子认为，"和大怨"并不能从根本上解决问题，老百姓的怨愤无法通过"和大怨"来解决，而只有统治者爱护百姓，不横征暴敛，不与百姓结怨，才是顺应天道的行为，也就是在其他章节反复强调的"无为"。

第八十章

小国寡^①民，使有什伯^②之器而不用，使民重^③死而不远徙^④。虽有舟舆^⑤，无所乘之；虽有甲兵^⑥，无所陈^⑦之；使民复结绳而用之。甘^⑧其食，美^⑨其服，安^⑩其居，乐其俗。邻国相望，鸡犬之声相闻，民至老死不相往来。

◎ **注释** ①〔寡〕寡少的，稀少的。②〔什伯〕有两种说法。一说为"各式各样的"；另一说，十人、十倍为"什"，百人、百倍为"伯"，"什伯"即是指"效率十倍、百倍于人工的器具"或者"十人、百人才能用得了的器物"。本书译文取前者。③〔重〕重视。④〔徙〕迁徙，迁移。⑤〔舆〕车，车辆。⑥〔甲兵〕盔甲和兵器，代指军事装备。⑦〔陈〕陈列，陈设。⑧〔甘〕使……（被认为）甘、甘甜。⑨〔美〕使……（被认为）美、美观。⑩〔安〕使……（被认为）安、安顿。

◎ **译文** 在一个狭小的国度里，民众很稀少，即使有各种各样的精良器具也不使用它们，使民众重视死亡而不向远方迁徙。即便有车船等交通工具，也没有人去乘坐；即便拥有军备，也没有地方可以陈设；让民众回到结绳记事的状态。让民众觉得饮食香甜，服饰美观，居所安顿，风俗和乐。相邻国家的民众可以彼此望见，鸡鸣狗叫的声音可以彼此听到，但民众直到老死都不相互打扰。

◎ **释疑解惑**

在对宇宙间的道理、规律、法则加以阐发之后，老子终于在本章详细描述了他心目中的理想社会。这样一个社会是基于"无为"原则而构建的，因此他使用了一系列带"不"字或"无"字的否定短语。这样一个社会倡导简朴、简约的生活，因为"夫唯无以生为者，是贤于贵生"（第七十五章）。这样一个社会符合第三章所描述的"圣人之治"："虚其心，实其腹，弱其志，强其骨。常使民无知无欲……"也正因如此，这样一个社会的民众是能够臻于"见素抱朴，少私寡欲"（第十九章）状态的。

◎ **成语探源**

1.安居乐业：意思是"生活和劳动都很安定和愉快"，出自本章的"安其居，乐其俗"。

2.鸡犬相闻：比喻"人烟稠密，彼此住得很近"，也形容"一派和睦安乐的景象"。出自本章的"鸡犬之声相闻，民至老死不相往来"。

第八十一章

信^①言不美^②，美言不信。善^③者不辩，辩者不善。知者不博^④，博者不知。圣人不积^⑤，既以为人，己愈有；既以与人，己愈多。天之道^⑥，利而不害；圣人之道，为^⑦而不争。

◎ **注释**　①〔信〕真实的。②〔美〕华美的，华丽的。③〔善〕善良的。④〔博〕广博。⑤〔积〕积累，积攒。⑥〔道〕准则，法则，原则。⑦〔为〕有所作为。

◎ **译文**　真实的言论不华美，华美的言谈不真实。善良的人不争辩，争辩的人不善良。真有知识的人不广博，知识广博的人不能深入了解。圣人并不私自积累，然而越是全力帮助他人，自己越是富有；愈是全力给予他人，自己愈是富足。苍天的准则是，给他人他物带来利益，而不是危害；圣人的准则是，有所作为，而不与人争夺。

◎ **释疑解惑**

　　本章是《道德经》的收尾之篇。通过一连串的矛盾对立，又一次强调了朴素的辩证法思想：事物的表象与本质往往看起来是相反的，行为的途径与目标往往看起来是相悖的……老子最后指出，人道、天道是一致的，其行为准则都可以归结到一个"善"字上，正如第八章所说："上善若水，水善利万物而不争。"

附 录

全文诵读

上 篇

第一章

道可道，非常道；名可名，非常名。无，名天地之始；有，名万物之母。故常无，欲以观其妙；常有，欲以观其徼。此两者同出而异名，同谓之玄。玄之又玄，众妙之门。

第二章

天下皆知美之为美，斯恶已；皆知善之为善，斯不善已。有无相生，难易相成，长短相形，高下相盈，音声相和，前后相随，恒也。是以圣人处无为之事，行不言之教。万物作焉而不辞，生而不有，为而不恃，功成而不居。夫惟不居，是以不去。

第三章

不尚贤，使民不争；不贵难得之货，使民不为盗；不见可欲，使民心不乱。是以圣人之治，虚其心，实其腹，弱其志，强其骨。常使民无知无欲，使夫智者不敢为也。为无为，则无不治。

第四章

道冲，而用之或不盈。渊兮，似万物之宗。湛兮，似或存。吾不知谁之子，象帝之先。

第五章

天地不仁，以万物为刍狗。圣人不仁，以百姓为刍狗。天地之间，其犹橐籥乎！虚而不屈，动而愈出。多言数穷，不如守中。

第六章

谷神不死，是谓玄牝。玄牝之门，是谓天地根。绵绵若存，用之不勤。

第七章

天长地久。天地所以长且久者，以其不自生，故能长生。是以圣人后其身而身先，外其身而身存。非以其无私邪？故能成其私。

第八章

上善若水，水善利万物而不争，处众人之所恶，故几于道。居善地，心善渊，与善仁，言善信，政善治，事善能，动善时。夫唯不争，故无尤。

第九章

持而盈之，不如其已。揣而锐之，不可长保。金玉满堂，莫之能守。富贵而骄，自遗其咎。功遂身退，天之道也。

第十章

载营魄抱一，能无离乎？专气致柔，能如婴儿乎？涤除玄览，能无疵乎？爱民治国，能无为乎？天门开阖，能为雌乎？明白四达，能无知乎？

第十一章

三十辐共一毂，当其无，有车之用。埏埴以为器，当其无，有器之用。凿户牖以为室，当其无，有室之用。故有之以为利，无之以为用。

第十二章

五色令人目盲，五音令人耳聋，五味令人口爽。驰骋畋猎，令人心发狂；难得之货，令人行妨。是以圣人为腹不为目，故去彼取此。

第十三章

宠辱若惊，贵大患若身。何谓宠辱若惊？宠为下，得之若惊，失之若惊，是谓宠辱若惊。何谓贵大患若身？吾所以有大患者，为吾有身；及吾无身，吾有何患？故贵以身为天下，若可寄天下；爱以身为天下，若可托天下。

第十四章

视之不见，名曰"夷"；听之不闻，名曰"希"；搏之不得，名曰"微"。此三者，不可致诘，故混而为一。其上不皦，其下不昧，绳绳兮不可名，复归于无物。是谓为无状之状，无物之象，是谓"惚恍"。迎之不见其首，随之不见其后。执古之道，以御今之有。能知古始，是谓道纪。

第十五章

古之善为道者，微妙玄通，深不可识。夫惟不可识，故强为之容：豫兮，若冬涉川；犹兮，若畏四邻；俨兮，其若客；涣兮，其若凌释；敦兮，其若朴；旷兮，其若谷；混兮，其若浊；澹兮，其若海；飂兮，若无止。孰能浊以静之徐清？孰能安以动之徐生？保此道者不欲盈，夫惟不盈，故能蔽而新成。

第十六章

致虚极，守静笃。万物并作，吾以观复。夫物芸芸，各归其根。归根曰静，静曰复命。复命曰常，知常曰明。不知常，妄作凶。知常容，容乃公，公乃王，王乃天，天乃道，道乃久，没身不殆。

第十七章

太上，不知有之；其次，亲而誉之；其次，畏之；其次，侮之。信不足焉，有不信焉。悠兮其贵言。功成事遂，百姓皆谓："我自然。"

第十八章

大道废，有仁义；智慧出，有大伪；六亲不和，有孝慈；国家昏乱，有忠臣。

第十九章

绝圣弃智，民利百倍；绝仁弃义，民复孝慈；绝巧弃利，盗贼无有。此三者以为文，不足，故令有所属：见素抱朴，少思寡欲。

第二十章

绝学无忧。唯之与阿，相去几何？善之与恶，相去何若？人之所畏，不可不畏。荒兮，其未央哉！众人熙熙，如享太牢，如春登台。我独泊兮，其未兆，如婴儿之未孩。傫傫兮，若无所归。众人皆有余，而我独若遗。我愚人之心也哉！沌沌兮。俗人昭昭，我独昏昏；俗人察察，我独闷闷。众人皆有以，我独顽且鄙。我独异于人，而贵食母。

第二十一章

孔德之容，惟道是从。道之为物，惟恍惟惚。惚兮恍兮，其中有象；恍兮惚兮，其中有物。窈兮冥兮，其中有精；其精甚真，其中有信。自古及今，其名不去，以阅众甫。吾何以知众甫之状哉？以此。

第二十二章

曲则全，枉则直，洼则盈，敝则新，少则得，多则惑。是以圣人抱一为天下式。不自见，故明；不自是，故彰；不自伐，故有功；不自矜，故长。夫唯不争，故天下莫能与之争。古之所谓"曲则全"者，岂虚言哉？诚全而归之。

第二十三章

希言自然。飘风不终朝，骤雨不终日。孰为此者？天地。天地尚不能久，而况于人乎？故从事于道者，同于道；德者，同于德；失者，同于失。同于道者，道亦乐得之；同于德者，德亦乐得之；同于失者，失亦乐得之。信不足焉，有不信焉。

第二十四章

企者不立，跨者不行，自见者不明，自是者不彰，自伐者无功，自矜者不长。其在道也，曰：余食赘形，物或恶之，故有道者不处。

第二十五章

有物混成，先天地生。寂兮寥兮，独立而不改，周行而不殆，可以为天下母。吾不知其名，强字之曰道，强为之名曰大。大曰逝，逝曰远，远曰反。故道大，天大，地大，人亦大。域中有四大，而人居其一焉。人法地，地法天，天法道，道法自然。

第二十六章

重为轻根，静为躁君。是以君子终日行不离辎重。虽有荣观，燕处超然。奈何万乘之主，而以身轻天下？轻则失根，躁则失君。

第二十七章

善行无辙迹，善言无瑕谪，善数不用筹策，善闭无关楗而不可开，善结无绳约而不可解。是以圣人常善救人，故无弃人；常善救物，故无弃物。是谓袭明。故善人者，不善人之师；不善人者，善人之资。不贵其师，不爱其资，虽智大迷。是谓要妙。

第二十八章

知其雄，守其雌，为天下谿。为天下谿，常德不离，复归于婴儿。知其白，守其辱，为天下谷。为天下谷，常德乃足，复归于朴。朴散则为器。圣人用之则为官长，故大制不割。

第二十九章

将欲取天下而为之，吾见其不得已。天下神器，不可为也，不可执也。为者败之，执者失之。是以圣人无为，故无败；无执，故无失。夫物或行或随，或歔或吹，或强或羸，或载或隳。是以圣人去甚，去奢，去泰。

第三十章

以道佐人主者，不以兵强天下。其事好还。师之所处，荆棘生焉。大军之后，必有凶年。善有果而已，不敢以取强。果而勿矜，果而勿伐，果而勿骄，果而不得已，果而勿强。物壮则老，是谓不道，不道早已。

第三十一章

夫兵者，不祥之器，物或恶之，故有道者不处。君子居则贵左，用兵则贵右。兵者不祥之器，非君子之器，不得已而用之，恬淡为上。胜而不美，而美之者，是乐杀人。夫乐杀人者，则不可得志于天下矣。吉事尚左，凶事尚右。偏将军居左，上将军居右，言以丧礼处之。杀人众，以悲哀泣之；战胜，以丧礼处之。

第三十二章

道常无名，朴。虽小，天下莫能臣。侯王若能守之，万物将自宾。天地相合以降甘露，民莫之令而自均。始制有名，名亦既有，夫亦将知止。知止，可以不殆。譬道之在天下，犹川谷之于江海。

第三十三章

知人者智，自知者明。胜人者有力，自胜者强。知足者富，强行者有志。不失其所者久，死而不亡者寿。

第三十四章

大道汜兮，其可左右。万物恃之以生而不辞，功成而不有。衣养万物而不为主，常无欲，可名于小；万物归焉而不为主，可名为大。以其终不自为大，故能成其大。

第三十五章

执大象，天下往。往而不害，安平泰。乐与饵，过客止。道之出口，淡乎其无味，视之不足见，听之不足闻，用之不足既。

第三十六章

将欲歙之，必固张之；将欲弱之，必固强之；将欲废之，必固兴之；将欲取之，必固与之。是谓微明。柔弱胜刚强。鱼不可脱于渊，国之利器不可以示人。

第三十七章

道常无为而无不为，侯王若能守之，万物将自化。化而欲作，吾将镇之以无名之朴。镇之以无名之朴，夫将不欲。不欲以静，天下将自正。

下　篇

第三十八章

上德不德，是以有德；下德不失德，是以无德。上德无为而无以为；下德为之而有以为。上仁为之而无以为；上义为之而有以为。上礼为之而莫之应，则攘臂而扔之。故失道而后德，失德而后仁，失仁而后义，失义而后礼。夫礼者，忠信之薄而乱之首。前识者，道之华而愚之始。是以大丈夫处其厚，不居其薄；处其实，不居其华。故去彼取此。

第三十九章

昔之得一者：天得一以清，地得一以宁，神得一以灵，谷得一以盈，万物得一以生，侯王得一以为天下正。其致之也，天无以清，将恐裂；地无以宁，将恐废；神无以灵，将恐歇；谷无以盈，将恐竭；万物无以生，将恐灭；侯王无以正，将恐蹶。故贵以贱为本，高以下为基。是以侯王自称孤、寡、不穀，此非以贱为本耶？非乎？故至誉无誉。是故不欲琭琭如玉，珞珞如石。

第四十章

反者，道之动；弱者，道之用。天下万物生于有，有生于无。

第四十一章

上士闻道，勤而行之；中士闻道，若存若亡；下士闻道，大笑之。不笑，不足以为道！故建言有之：明道若昧，进道若退，夷道若纇，上德若谷，广德若不足，建德若偷，质真若渝。大白若辱，大方无隅，大器晚成，大音希声，大象无形。道隐无名。夫惟道，善贷且成。

第四十二章

道生一，一生二，二生三，三生万物。万物负阴而抱阳，冲气以为和。人之所恶，惟孤、寡、不穀，而王公以为称。故物或损之而益，或益之而损。人之所教，我亦教之。强梁者不得其死，吾将以为教父。

第四十三章

天下之至柔，驰骋天下之至坚。无有入无间，吾是以知无为之有益。不言之教，无为之益，天下希及之。

第四十四章

名与身孰亲？身与货孰多？得与亡孰病？甚爱必大费，多藏必厚亡。故知足不辱，知止不殆，可以长久。

第四十五章

大成若缺，其用不敝。大盈若冲，其用不穷。大直若屈，大巧若拙，大辩若讷。静胜躁，寒胜热，清静为天下正。

第四十六章

天下有道，却走马以粪；天下无道，戎马生于郊。祸莫大于不知足，咎莫大于欲得。故知足之足，常足矣。

第四十七章

不出户，知天下；不窥牖，见天道。其出弥远，其知弥少。是以圣人不行而知，不见而明，不为而成。

第四十八章

为学日益，为道日损。损之又损，以至于无为。无为而无不为。取天下常以无事，及其有事，不足以取天下。

第四十九章

圣人常无心，以百姓心为心。善者吾善之，不善者吾亦善之，德善。信者吾信之，不信者吾亦信之，德信。圣人在天下，歙歙焉，为天下浑其心。百姓皆注其耳目，圣人皆孩之。

第五十章

出生入死。生之徒，十有三；死之徒；十有三；人之生，动之于死地，亦十有三。夫何故？以其生生之厚。盖闻善摄生者，陆行不遇兕虎，入军不被甲兵；兕无所投其角，虎无所用其爪，兵无所容其刃。夫何故？以其无死地。

第五十一章

道生之，德畜之，物形之，器成之。是以万物莫不尊道而贵德。道之尊，德之贵，夫莫之命而常自然。故道生之，德畜之，长之育之，亭之毒之，养之覆之。生而不有，为而不恃，长而不宰，是谓"玄德"。

第五十二章

天下有始，以为天下母。既得其母，以知其子；既知其子，复守其母。没身不殆。塞其兑，闭其门，终身不勤，开其兑，济其事，终身不救。见小曰明，守柔曰强。用其光，复归其明，无遗身殃，是为袭常。

第五十三章

使我介然有知，行于大道，唯施是畏。大道甚夷，而人好径。朝甚除，田甚芜，仓甚虚；服文采，带利剑，厌饮食，财货有余。是为盗夸。非道也哉！

第五十四章

善建者不拔，善抱者不脱，子孙以祭祀不辍。修之于身，其德乃真；修之于家，其德乃余；修之于乡，其德乃长；修之于邦，其德乃丰；修之于天下，其德乃普。故以身观身，以家观家，以乡观乡，以邦观邦，以天下观天下。吾何以知天下然哉？以此。

第五十五章

含德之厚，比于赤子。毒虫不螫，猛兽不据，攫鸟不搏。骨弱筋柔而握固，未知牝牡之合而朘作，精之至也。终日号而不嗄，和之至也。知和曰常，知常曰明。益生曰祥，心使气曰强。物壮则老，谓之不道。不道早已。

第五十六章

知者不言，言者不知。挫其锐，解其纷，和其光，同其尘，是谓玄同。故不可得而亲，不可得而疏；不可得而利，不可得而害；不可得而贵，不可得而贱。故为天下贵。

第五十七章

以正治国，以奇用兵，以无事取天下。吾何以知其然哉？以此：天下多忌讳，而民弥贫；人多利器，国家滋昏；人多伎巧，奇物滋起；法令滋彰，盗贼多有。故圣人云："我无为而民自化，我好静而民自正，我无事而民自富，我无欲而民自朴。"

第五十八章

其政闷闷，其民淳淳；其政察察，其民缺缺。祸兮，福之所倚；福兮，祸之所伏。孰知其极？其无正也。正复为奇，善复为妖。人之迷，其日固久。是以圣人方而不割，廉而不刿，直而不肆，光而不耀。

第五十九章

治人事天，莫若啬。夫惟啬，是谓早服。早服，谓之重积德；重积德，则无不克；无不克，则莫知其极；莫知其极，可以有国；有国之母，可以长久。是谓深根固柢，长生久视之道。

第六十章

治大国，若烹小鲜。以道莅天下，其鬼不神。非其鬼不神，其神不伤人；非其神不伤人，圣人亦不伤人。夫两不相伤，故其德交归焉。

第六十一章

大国者下流，天下之牝，天下之交也。牝常以静胜牡，以静为下。故大国以下小国，则取小国；小国以下大国，则取大国。故或下以取，或下而取。大国不过欲兼畜人，小国不过欲入事人，夫两者各得其欲。大者宜为下。

第六十二章

道者，万物之奥。善人之宝，不善人之所保。美言可以市尊，美行可以加人。人之不善，何弃之有？故立天子，置三公，虽有拱璧以先驷马，不如坐进此道。古之所以贵此道者何？不曰：求以得，有罪以免邪？故为天下贵。

第六十三章

为无为，事无事，味无味。大小多少，图难于其易，为大于其细。天下难事，必作于易；天下大事，必作于细。是以圣人终不为大，故能成其大。夫轻诺必寡信，多易必多难。是以圣人犹难之，故终无难矣。

第六十四章

其安易持，其未兆易谋；其脆易泮，其微易散。为之于未有，治之于未乱。合抱之木，生于毫末；九层之台，起于累土；千里之行，始于足下。民之从事，常于几成而败之。慎终如始，则无败事。是以圣人欲不欲，不贵难得之货；学不学，复众人之所过。以辅万物之自然而不敢为。

第六十五章

古之善为道者，非以明民，将以愚之。民之难治，以其智多。故以智治国，国之贼；不以智治国，国之福。知此两者，亦稽式。常知稽式，是谓"玄德"。玄德深矣，远矣，与物反矣，然后乃至大顺。

第六十六章

江海所以能为百谷王者，以其善下之，故能为百谷王。是以圣人欲上民，必以言下之；欲先民，必以身后之。是以圣人处上而民不重，处前而民不害，是以天下乐推而不厌。以其不争，故天下莫能与之争。

第六十七章

天下皆谓我道大，似不肖。夫唯大，故似不肖。若肖，久矣其细也夫！我有三宝，持而保之：一曰慈，二曰俭，三曰不敢为天下先。慈，故能勇；俭，故能广；不敢为天下先，故能成器长。今舍慈且勇，舍俭且广，舍后且先，死矣！夫慈，以战则胜，以守则固。天将救之，以慈卫之。

第六十八章

善为士者，不武；善战者，不怒；善胜敌者，不与；善用人者，为之下。是谓不争之德，是谓用人之力，是谓配天，古之极也。

第六十九章

用兵有言："吾不敢为主，而为客；不敢进寸，而退尺。"是谓行无行，攘无臂，扔无敌，执无兵。祸莫大于轻敌，轻敌几丧吾宝。故抗兵相若，哀者胜矣。

第七十章

吾言甚易知，甚易行。天下莫能知，莫能行。言有宗，事有君。夫惟无知，是以不我知。知我者希，则我者贵。是以圣人被褐而怀玉。

第七十一章

知不知，尚矣；不知知，病也。圣人不病，以其病病。夫唯病病，是以不病。

第七十二章

民不畏威，则大威至。无狎其所居，无厌其所生。夫唯不厌，是以不厌。是以圣人自知不自见，自爱不自贵。故去彼取此。

第七十三章

勇于敢则杀，勇于不敢则活。此两者，或利或害。天之所恶，孰知其故？天之道，不争而善胜，不言而善应，不召而自来，繟然而善谋。天网恢恢，疏而不失。

第七十四章

民不畏死，奈何以死惧之？若使民常畏死，而为奇者，吾得执而杀之，孰敢？常有司杀者杀。夫代司杀者杀，是谓代大匠斫。夫代大匠斫者，希有不伤其手矣。

第七十五章

民之饥，以其上食税之多，是以饥。民之难治，以其上之有为，是以难治。民之轻死，以其上求生之厚，是以轻死。夫唯无以生为者，是贤于贵生。

第七十六章

人之生也柔弱，其死也坚强；草木之生也柔脆，其死也枯槁。故坚强者死之徒，柔弱者生之徒。是以兵强则灭，木强则折。强大处下，柔弱处上。

第七十七章

天之道，其犹张弓欤？高者抑之，下者举之；有余者损之，不足者补之。天之道，损有余，而补不足；人之道则不然，损不足以奉有余。孰能有余以奉天下？唯有道者。是以圣人为而不恃，功成而不处，其不欲见贤。

第七十八章

天下莫柔弱于水，而攻坚强者莫之能胜，以其无以易之。弱之胜强，柔之胜刚，天下莫不知，莫能行。是以圣人云："受国之垢，是谓社稷主；受国不祥，是为天下王。"正言若反。

第七十九章

和大怨，必有余怨。报怨以德，安可以为善？是以圣人执左契，而不责于人。有德司契，无德司彻。天道无亲，常与善人。

第八十章

小国寡民，使有什伯之器而不用，使民重死而不远徙。虽有舟舆，无所乘之；虽有甲兵，无所陈之；使民复结绳而用之。甘其食，美其服，安其居，乐其俗。邻国相望，鸡犬之声相闻，民至老死不相往来。

第八十一章

信言不美，美言不信。善者不辩，辩者不善。知者不博，博者不知。圣人不积，既以为人，己愈有；既以与人，己愈多。天之道，利而不害；圣人之道，为而不争。